ヒチョル先生の

ひとめでわかる 韓国語 きほんの単語

チョ・ヒチョル 著

この本の使い方

本書は、韓国語のきほんの動詞と形容詞を厳選して紹介しています。また単語を実際の会話でいかせるように、活用やフレーズについても掲載しているので、単語だけではなく、活用やフレーズも同時に学んでいきましょう。カタカナの発音ルビはあくまで参考です。音声を聞いて、正しい発音を身につけましょう。
また本書は、『ヒチョル先生の ひとめでわかる 韓国語』シリーズの3冊目です。既刊の2冊もぜひ一緒にご参考ください。

きほんページ

きほんの単語を学ぶページです。

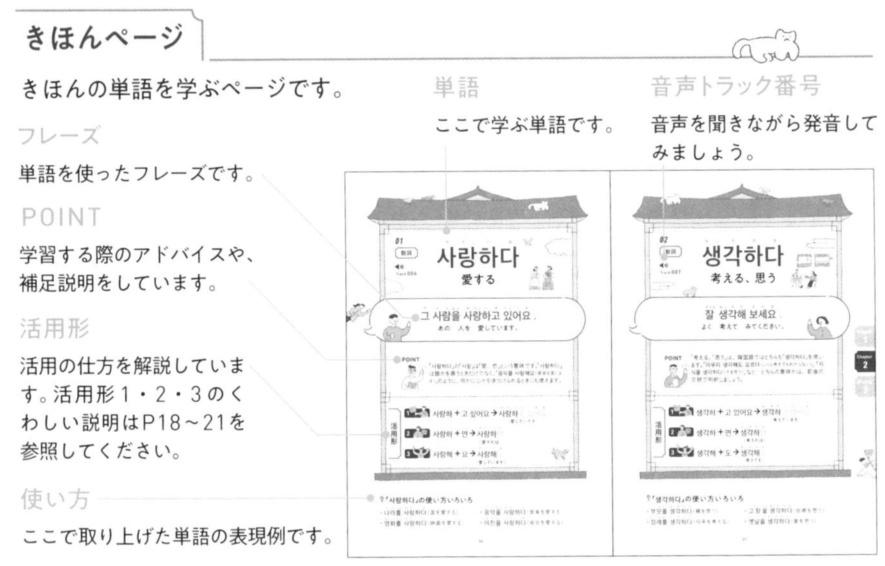

フレーズ
単語を使ったフレーズです。
POINT
学習する際のアドバイスや、補足説明をしています。
活用形
活用の仕方を解説しています。活用形1・2・3のくわしい説明はP18～21を参照してください。
使い方
ここで取り上げた単語の表現例です。
単語
ここで学ぶ単語です。
音声トラック番号
音声を聞きながら発音してみましょう。
사랑하다
愛する
그 사람을 사랑하고 있어요.
생각하다
考える、思う
잘 생각해 보세요.

ここでおさらい

問題を解きながら学習した内容をおさらいするページです。

問題
3択問題と単語の活用を書き込む穴埋め問題です。ヒントを参考に解いていきましょう。悩んだときは、きほんのページに戻りましょう。
こたえ
解き終わったらすぐにこたえ合わせをしましょう。
ここでおさらい

ここでトレーニング

力試しのページです。おさらいよりも難易度は上がりますが、音声なども参考にチャレンジしてみましょう。間違えても、繰り返して問題を解くことで、力がついていきます。何度も繰り返すことが大切です！

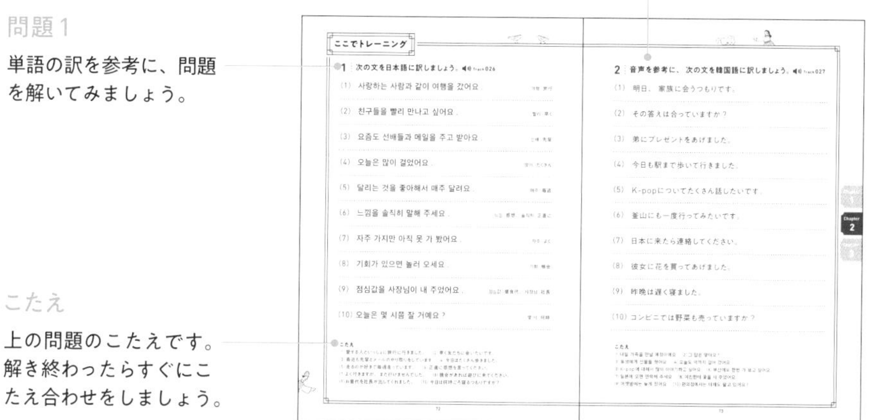

問題2

音声を参考にして、問題を解いてみましょう。

問題1

単語の訳を参考に、問題を解いてみましょう。

こたえ

上の問題のこたえです。解き終わったらすぐにこたえ合わせをしましょう。

ここでトレーニング

1 次の文を日本語に訳しましょう。track026

(1) 사랑하는 사람과 같이 여행을 갔어요.

(2) 친구들을 빨리 만나고 싶어요.

(3) 요즘도 선배들과 메일을 주고 받아요.

(4) 오늘은 많이 걸었어요.

(5) 달리는 것을 좋아해서 매주 달려요.

(6) 느낌을 솔직히 말해 주세요.

(7) 자주 가지만 아직 못 가 봤어요.

(8) 기회가 있으면 놀러 오세요.

(9) 점심값을 사장님이 내 주었어요.

(10) 오늘은 몇 시쯤 잘 거예요?

こたえ

2 音声を参考に、次の文を韓国語に訳しましょう。track027

(1) 明日、家族に会うつもりです。

(2) その答えは合っていますか？

(3) 弟にプレゼントをあげました。

(4) 今日も駅まで歩いて行きました。

(5) K-popについてたくさん話したいです。

(6) 釜山にも一度行ってみたいです。

(7) 日本に来たら連絡してください。

(8) 彼女に花を買ってあげました。

(9) 昨晩は遅く寝ました。

(10) コンビニでは野菜も売っていますか？

こたえ

音声について

本書をご購入のみなさまは、パソコン・スマートフォン・タブレットから無料で音声が聞けます。
音声をダウンロードして聞くか、ストリーミング再生で聞くかをお選びいただけます。

専用サイト（https://www.takahashishoten.co.jp/audio-dl/）にアクセスして「語学」→『ヒチョル先生の　ひとめでわかる 韓国語 きほんの単語』を選択するか、もしくはQRコードを読み取ってください。

● 手順

❶パスワード入力欄に「11267」と入力する。
❷「ダウンロード」ボタンをクリックするか、トラック番号をクリックして再生する。

＊パソコン・スマホの操作に関するご質問にはお答えできません。
＊音声をお聞きいただく際の通信費はお客様のご負担となります。

はじめに

「시작이 반이다！」（シジャギ バニダ）

韓国の有名なことわざで「始めるのが半分」。つまり、何ごとも最初の一歩を踏み出すことが大事で、それだけで半分まで達したことと変わらないという意味です。

この本を手に取った皆さんも、まさに韓国語の勉強に一歩踏み出した方ばかりだと思います。だとしたら、「시작이 반이다！」も、まんざら大げさな表現ではありません。

K-POPやドラマなどの言葉を聞き取れるようになったり、韓国へ旅行をしたときに、簡単な単語やフレーズを使って、現地の人とコミュニケーションがとれれば、韓国語の学習ももっと楽しくなるでしょう。

ただし、「韓国語を知っていること」と「実際にその場で使える」ことは別物です。韓国語の学習でひとつの山は動詞や形容詞などの活用ではないかと思います。会話も読解、作文も用言の活用の理解に左右されるでしょう。

とにかく単語の数を多く覚える学習もひとつの方法ですが、本書では、使用頻度の高い動詞や形容詞を厳選し、よく使われる基本的な活用を身につけてもらえるように構成しました。また、知識のインプットだけでなく、反復練習をしてアウトプットができるように、数多くの問題を設けました。

読者の皆さんは、すでに「시작이 반이다！」のところまできています。あとはこつこつ勉強を続けていってほしいと思います。

조희철（チョ・ヒチョル）

Contents

Chapter3 きほんの形容詞

アートディレクション	細山田光宣
デザイン	小野安世（細山田デザイン事務所）
編集協力	円谷直子
イラスト	米村知倫
DTP	畑山栄美子　茂呂田剛（エムアンドケイ）
校正	（有）共同制作社
ナレーション	日本語：東城未来
	韓国語：李春京
録音	ユニバ合同会社

Chapter 1

韓国語のきほん

初めての人は、まず韓国語のしくみについて学びましょう。きほんを押さえておけば、単語やフレーズを覚えたり、読み書きするときに役立ちます。「もうハングルは読めるよ！」という人も、ここでしっかりおさらいしておきましょう。本書の特徴である、活用形3パターンについても紹介しています。文法のきほんもチェック！

Lesson 1 韓国語とは

韓国語と日本語は似ているところが多いので、日本人にとって世界でいちばん習得しやすい外国語と言えます。ここでは韓国語のとくちょうと日本語との共通点を見てみましょう！

日本語と似ている韓国語のとくちょう

【1】日本語と語順がほぼ同じ

例　私は　朝に　パンを　食べます。

ナヌン　アチメ　ッパンウル　モゴヨ
나는 아침에 빵을 먹어요.

助詞があるんだね！

【2】活用がある

例　食べる → 食べます ／ 食べれば

モクタ　モゴヨ　モグミョン
먹다 → 먹어요 ／ 먹으면

語尾が活用するんだね！

【3】漢字語がある

韓国語の単語の7割は漢字語（漢字が元になっている単語）といわれています。一般的に漢字語も表記はハングルですが、日本語の漢字と似ている発音も多いため、覚えやすいですよ。

例

温度	家具	調味料	簡単	到着
オンド	カグ	チョミリョ	カンダン	トチャク
온도	가구	조미료	간단	도착

【4】しくみがローマ字に似ている

ハングルはローマ字のように、子音と母音の組み合わせからできています。文字の組み合わせは、①子音+母音、②子音+母音+子音（パッチム）の2パターンです。

①子音+母音の組み合わせ

●左右パターン

〈나〉

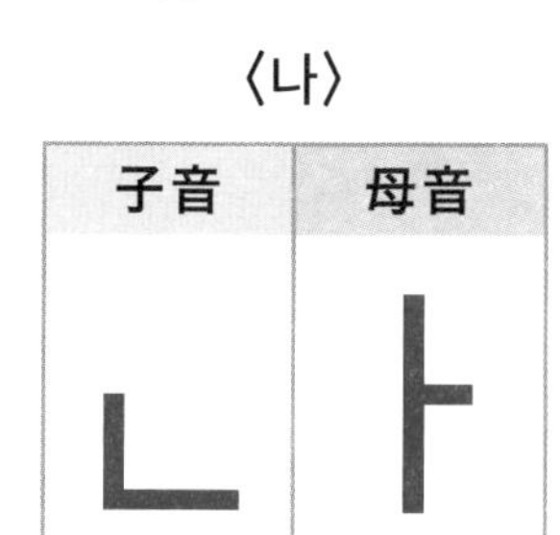

na=ナ

●上下パターン

〈무〉

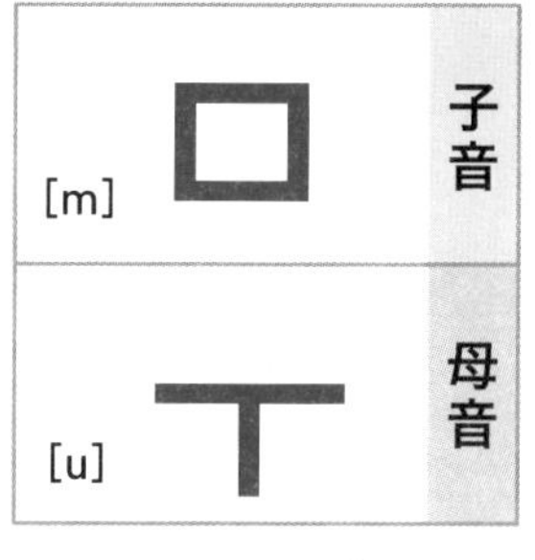

mu=ム

②子音+母音+子音（パッチム）の組み合わせ

●左右+パッチムパターン

〈남〉

子音 | 母音
ㄴ [n] | ㅏ [a]
ㅁ [m] 子音（パッチム）

nam=ナム

●上下+パッチムパターン

〈문〉

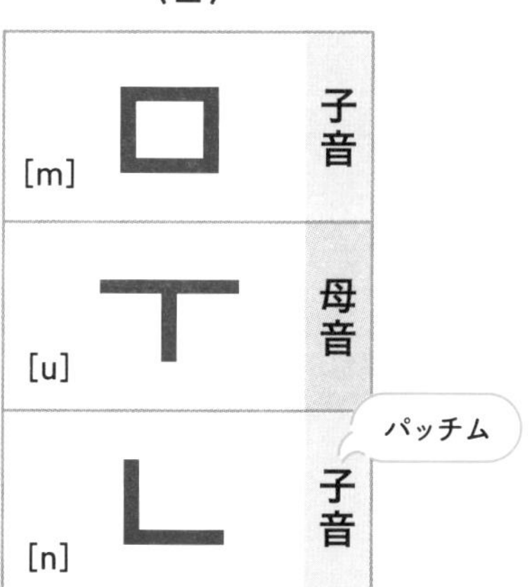

mun=ムン

すぐ読めるようになりそう!

Lesson 2

パッチムを覚えよう

P13で学んだように、ハングル文字には「간、날、담、랑…」などのように、母音+子音の組み合わせの下に、もう1つの子音がつくことがあります。このもう1つの子音を「パッチム(받침)」と言います。

子音＋母音の下にあるのがパッチムだね!

●子音+母音+パッチム

子音[無音]+母音[a]

子音[無音]+母音[a]+パッチムㄱ[k]で「アㇰ」、パッチムㄴ[n]で「アン」と読みます。
パッチムにはいろんな文字が使われますが、発音は「ㄱ、ㄴ、ㄷ、ㄹ、ㅁ、ㅂ、ㅇ」の7種類だけです。

●子音+母音+二重パッチム

パッチムには「ㄳ、ㄵ、ㄺ、ㄻ、ㅄ…」などのように、2つの異なる子音が並ぶ「二重パッチム」もあります。ほとんどが、左のパッチムを発音しますが、数字の27、20に似ているㄺ、ㄻと「밟다(踏む)」だけは右の文字を読みます。

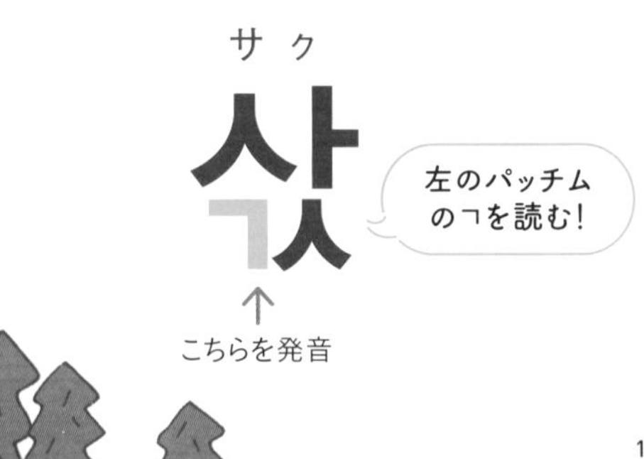

● パッチム一覧表

「ㄸ、ㅃ、ㅉ」以外のすべての子音がパッチムになります。種類は多いですが、発音は「ㄱ、ㄴ、ㄷ、ㄹ、ㅁ、ㅂ、ㅇ」の7つだけです。

発音	パッチムと単語	
① ク **ㄱ** [k]	**ㄱ、ㅋ、ㄲ** チェク 책(本)、부엌[부억](台所)	**ㄳ、ㄺ** サク 삯[삭](賃金)、흙[흑](土)
② ン **ㄴ** [n]	**ㄴ** ヌン 눈(目、雪)、돈(お金)	**ㄵ、ㄶ** アンタ 앉다[안따](座る)、 マンタ 많다[만타](多い)
③ ッ **ㄷ** [t]	**ㄷ、ㅌ、ㅅ、ㅆ、ㅈ、ㅊ、ㅎ** コッ ックッ オッ イッタ 곧(すぐ)、끝[끋](終わり)、옷[옫](服)、있다[읻따](ある、いる)、 ナッ 낮[낟](昼)	
④ ル **ㄹ** [l]	**ㄹ** マル タル 말(ことば、馬)、달(月)、 ムル 물(水)	**ㄼ、ㄽ、ㄾ、ㅀ** ッチャルタ ウェゴル 짧다[짤따](短い)、외곬[외골](一 ハルタ 筋)、핥다[할따](なめる)
⑤ ム **ㅁ** [m]	**ㅁ** ナム モム 남(他人)、몸(体)、 バム ボム 밤(夜、栗)、봄(春)	**ㄻ** サム 삶[삼](人生)
⑥ プ **ㅂ** [p]	**ㅂ、ㅍ** バプ アプ ヨプ 밥(ご飯)、앞(前)、옆(横)	**ㅄ、ㄼ** カプ オプタ 값[갑](値段)、없다[업따](ない、 バプタ いない)、밟다[밥따](踏む)
⑦ ン **ㅇ** [ŋ]	**ㅇ** カン コン バン ビョン 강(川)、공(ボール)、방(部屋)、병(ビン)	

Chapter 1
Chapter 2
Chapter 3

[]内は、じっさいの発音だよ！

ハングル早見表

母音 / 子音	ㅏ [a]	ㅑ [ya]	ㅓ [ɔ]	ㅕ [yɔ]	ㅗ [o]	ㅛ [yo]	ㅜ [u]	ㅠ [yu]	ㅡ [ɯ]	ㅣ [i]
ㄱ [k/g]	가 カ	갸 キャ	거 コ	겨 キョ	고 コ	교 キョ	구 ク	규 キュ	그 ク	기 キ
ㄴ [n]	나 ナ	냐 ニャ	너 ノ	녀 ニョ	노 ノ	뇨 ニョ	누 ヌ	뉴 ニュ	느 ヌ	니 ニ
ㄷ [t/d]	다 タ	댜 ティャ	더 ト	뎌 ティョ	도 ト	됴 ティョ	두 トゥ	듀 ティュ	드 トゥ	디 ティ
ㄹ [r/l]	라 ラ	랴 リャ	러 ロ	려 リョ	로 ロ	료 リョ	루 ル	류 リュ	르 ル	리 リ
ㅁ [m]	마 マ	먀 ミャ	머 モ	며 ミョ	모 モ	묘 ミョ	무 ム	뮤 ミュ	므 ム	미 ミ
ㅂ [p/b]	바 パ	뱌 ピャ	버 ポ	벼 ピョ	보 ポ	뵤 ピョ	부 プ	뷰 ピュ	브 プ	비 ピ
ㅅ [s/ʃ]	사 サ	샤 シャ	서 ソ	셔 ショ	소 ソ	쇼 ショ	수 ス	슈 シュ	스 ス	시 シ
ㅇ [-/ŋ]	아 ア	야 ヤ	어 オ	여 ヨ	오 オ	요 ヨ	우 ウ	유 ユ	으 ウ	이 イ
ㅈ [ʧ/ʤ]	자 チャ	쟈 チャ	저 チョ	져 チョ	조 チョ	죠 チョ	주 チュ	쥬 チュ	즈 チュ	지 チ
ㅊ [ʧʰ]	차 チャ	챠 チャ	처 チョ	쳐 チョ	초 チョ	쵸 チョ	추 チュ	츄 チュ	츠 チュ	치 チ
ㅋ [kʰ]	카 カ	캬 キャ	커 コ	켜 キョ	코 コ	쿄 キョ	쿠 ク	큐 キュ	크 ク	키 キ
ㅌ [tʰ]	타 タ	탸 ティャ	터 ト	텨 ティョ	토 ト		투 トゥ	튜 ティュ	트 トゥ	티 ティ
ㅍ [pʰ]	파 パ	퍄 ピャ	퍼 ポ	펴 ピョ	포 ポ	표 ピョ	푸 プ	퓨 ピュ	프 プ	피 ピ
ㅎ [h]	하 ハ	햐 ヒャ	허 ホ	혀 ヒョ	호 ホ	효 ヒョ	후 フ	휴 ヒュ	흐 フ	히 ヒ
ㄲ [ˀk]	까 ッカ	꺄 ッキャ	꺼 ッコ	껴 ッキョ	꼬 ッコ		꾸 ック		끄 ック	끼 ッキ
ㄸ [ˀt]	따 ッタ		떠 ット		또 ット		뚜 ットゥ		뜨 ットゥ	띠 ッティ
ㅃ [ˀp]	빠 ッパ	뺘 ッピャ	뻐 ッポ	뼈 ッピョ	뽀 ッポ	뾰 ッピョ	뿌 ップ		쁘 ップ	삐 ッピ
ㅆ [ˀs]	싸 ッサ		써 ッソ		쏘 ッソ		쑤 ッス		쓰 ッス	씨 ッシ
ㅉ [ˀʧ]	짜 ッチャ		쩌 ッチョ	쪄 ッチョ	쪼 ッチョ	쬬 ッチョ	쭈 ッチュ		쯔 ッチュ	찌 ッチ

空欄には理論上文字が存在するけど、じっさいにはほとんど使われないよ。

ㅐ [ɛ]	ㅒ [yɛ]	ㅔ [e]	ㅖ [ye]	ㅘ [wa]	ㅙ [wɛ]	ㅚ [we]	ㅝ [wɔ]	ㅞ [we]	ㅟ [wi]	ㅢ [ɯi]
개 ケ	걔 ケ	게 ケ	계 ケ	과 クワ	괘 クェ	괴 クゥェ	궈 クォ	궤 クェ	귀 クィ	
내 ネ		네 ネ		놔 ヌワ		뇌 ヌェ	눠 ヌォ		뉘 ヌィ	늬 ニ
대 テ		데 テ			돼 トゥェ	되 トゥェ	둬 トゥォ	뒈 トゥェ	뒤 トゥィ	
래 レ		레 レ	례 レ			뢰 ルェ	뤄 ルォ		뤼 ルィ	
매 メ		메 メ				뫼 ムェ	뭐 ムォ		뮈 ムィ	
배 ペ		베 ペ		봐 プワ	봬 プェ	뵈 プェ			뷔 プィ	
새 セ	섀 シェ	세 セ	셰 シェ	솨 スワ	쇄 スェ	쇠 スェ	숴 スォ	쉐 スェ	쉬 シュィ	
애 エ	얘 イェ	에 エ	예 イェ	와 ワ	왜 ウェ	외 ウェ	워 ウォ	웨 ウェ	위 ウィ	의 ウイ
재 チェ	쟤 チェ	제 チェ		좌 チュワ	좨 チュェ	죄 チェ	줘 チュォ	줴 チュェ	쥐 チュィ	
채 チェ		체 チェ				최 チェ	춰 チュォ	췌 チュェ	취 チュィ	
캐 ケ		케 ケ		콰 クワ	쾌 クェ	쾨 クェ	쿼 クォ	퀘 クェ	퀴 クィ	
태 テ		테 テ				퇴 トゥェ	퉈 トゥォ	퉤 トゥェ	튀 トゥィ	틔 ティ
패 ペ		페 ペ	폐 ペ						퓌 プィ	
해 ヘ		헤 ヘ	혜 ヘ	화 フワ	홰 フェ	회 フェ	훠 フォ	훼 フェ	휘 フィ	희 ヒ
깨 ッケ		께 ッケ		꽈 ックワ	꽤 ックェ	꾀 ックェ	꿔 ックォ	꿰 ックェ	뀌 ックィ	
때 ッテ		떼 ッテ		똬 ットゥワ	뙈 ットゥェ	뙤 ットゥェ			뛰 ットゥィ	띄 ッティ
빼 ッペ		뻬 ッペ								
쌔 ッセ		쎄 ッセ		쏴 ッスワ	쐐 ッスェ	쐬 ッスェ	쒀 ッスォ			씌 ッシ
째 ッチェ		쩨 ッチェ				쬐 ッチュェ	쭤 ッチュォ		쮜 ッチュィ	

Lesson 3

活用形3パターン

韓国語の活用は、大きく3つのパターンに分けることができます。基本の3パターンに、あとは語尾をつけるだけです！

活用のポイント

- 活用のときは基本形から「다」をとって、活用語尾をつける。
- 語幹末にパッチムがあるかないかを確認。
- 語幹末の母音がどんな母音（陽母音か陰母音か）で終わっているかをチェック！

「変則活用」についてはP24～29「とくべつな活用」を参照してください

活用形1

基本形から「다（タ）」をとる！

- 覚え方

「다（タ）」をとるから…

タトリくん

活用形2

語幹末にパッチムが
あるときは
「으」をつける！
ないときはそのまま！

● 覚え方

パッチムのあとに「으」を
つけるから…

パッチム・ウーくん

活用形3

語幹末の母音が
陽母音（ㅏ、ㅗ）には「아」、
陰母音（ㅏ、ㅗ以外）には
「어」をつける！

● 覚え方

陽母音（ㅏ、ㅗ）に「아」を
つけるから…

あ！ 陽気な アオちゃん

活用形1 のつくり方 タトリくん

Track 003

基本形　語尾

語幹 語尾

가(カ) 다(ダ) ＋ 고(コ) 싶(シ)어(ポ)요(ヨ) → 가(カ)고(ゴ) 싶(シ)어(ポ)요(ヨ)

とる

行く　行きたいです

다をとって、
語尾を
つけるだけ!

活用形1につく語尾

- ～したいです 고 싶어요（コ シポ ヨ）
- ～して・くて 고（コ）
- ～けど・が 지만（チマン）
- ～しています 고 있어요（コ イッソ ヨ）
- ～ですね・ますね 네요（ネ ヨ）

など

活用形2 のつくり方 パッチム・ウーくん

基本形　語尾

語幹 語尾

パッチムなし

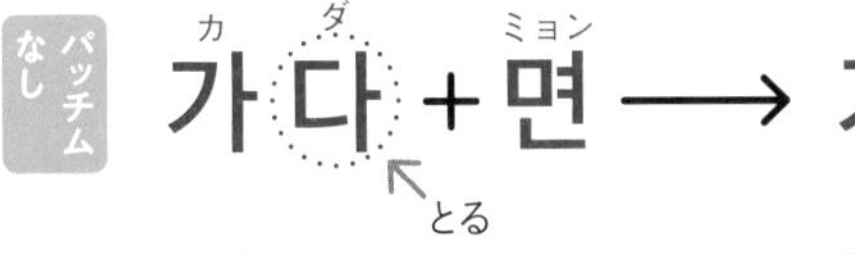

가(カ) 다(ダ) ＋ 면(ミョン) ──→ 가(カ)면(ミョン)

とる

行く　行けば

語幹末にパッチムが
あるかどうかを
チェック!

パッチムあり

먹(モク) 다(タ) ＋ 으(ウ) ＋ 면(ミョン) → 먹(モ)으(グ)면(ミョン)

とる

食べる　食べれば

活用形2につく語尾

- ～から・ので 니까（ニッカ）
- ～たら・れば 면（ミョン）
- ～しに 러（ロ）
- ～しながら・のに 면서（ミョンソ）
- ～する… ㄹ…（ル）
- ～した… ㄴ…（ン）

など

活用形3 のつくり方 あ！ 陽気なアオちゃん

基本形　　語尾

語幹末の母音が
陽母音か
陰母音かをチェック！

活用形3につく語尾

- ～です・ます 요（ヨ）
- ～でした・ました 써어요（ッソヨ）
- ～してください 주세요（チュセヨ）
- ～しなければなりません 야 돼요（ヤ ドゥェヨ）
- ～ても 도（ト）
- ～して（から） 서（ソ）

など

ここでcheck

1 次の単語を例のように活用形1、2、3に直してみましょう。

基本形	語幹	活用形1	活用形2	活用形3
例 먹다(モクタ)(食べる)	먹(モク)	먹(モク)	먹으(モグ)	먹어(モゴ)
① 보다(ボダ)(見る)				
② 좋다(チョタ)(よい)				
③ 읽다(イクタ)(読む)				
④ 받다(パッタ)(もらう)				
⑤ 웃다(ウッタ)(笑う)				

2 例のように活用形１に直してみましょう。

例 먹다(食べる) ＋고 싶어요(〜たいです) ＝ 먹고 싶어요

① 보다(見る) ＋네요(〜ですね・ますね) ＝ ……

② 읽다(読む) ＋고 있어요(〜ています) ＝ ……

③ 좋다(よい) ＋지만(〜けど) ＝ ……

④ 받다(もらう) ＋지 않아요(〜ません) ＝ ……

⑤ 웃다(笑う) ＋지요(〜でしょう) ＝ ……

3 例のように活用形２に直してみましょう。

例 먹다（食べる）＋ 면（～たら・れば）＝ 먹으면

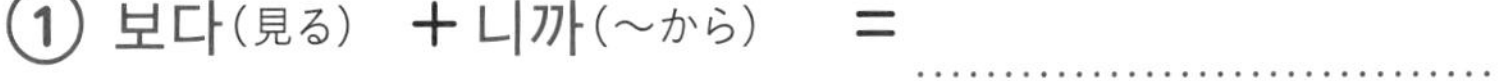

① 보다（見る）＋ 니까（～から）＝

② 읽다（読む）＋ ㄹ（～する…）＝

③ 좋다（よい）＋ 면（～たら）＝

④ 받다（もらう）＋ ㄴ（～した…）＝

⑤ 웃다（笑う）＋ 면서（～ながら）＝

4 例のように活用形３に直してみましょう。

例 먹다（食べる）＋ 요（～です・ます）＝ 먹어요

① 보다（見る）＋ 요（～です・ます）＝

② 좋다（よい）＋ 서（～て）＝

③ 피다（咲く）＋ 있어요（～ています）＝

④ 받다（もらう）＋ 주세요（～てください）＝

⑤ 웃다（笑う）＋ ㅆ어요（～でした・ました）＝

こたえ
1. ①보 - 보 - 보 - 봐　②좋 - 좋 - 좋으 - 좋아　③읽 - 읽 - 읽으 - 읽어　④받 - 받 - 받으 - 받아　⑤웃 - 웃 - 웃으 - 웃어
2. ①보네요　②읽고 있어요　③좋지만　④받지 않아요　⑤웃지요
3. ①보니까　②읽을　③좋으면　④받은　⑤웃으면서
4. ①봐요　②좋아서　③피어 있어요　④받아 주세요　⑤웃었어요

まとめてcheck
とくべつな活用

これまで規則的な活用形を見てきましたが、じつは規則通りに活用しないパターンも一部あります。そんなとくべつな活用を見てみましょう!

ㄹ(リウル)語幹（語幹末がパッチム「ㄹ」で終わる動詞や形容詞）

ㄴ、ㅂ、ㅅなどで始まる語尾がつくとき、語幹末のパッチム「ㄹ」がなくなる!

活用形1

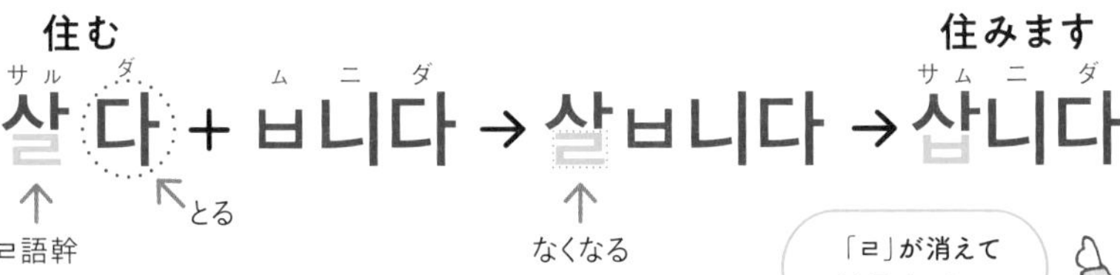

「ㄹ」が消えて活用するよ!

活用形2

大変だ　　大変ですか?

ヒムドゥルダ　セヨ　ヒムドゥセヨ

힘들다 + 세요 → 힘들세요 → 힘드세요?

ㄹ語幹　とる　なくなる

活用形2だけど「으」はつかないんだね!

ㄹ語幹のおもな単語

動詞

- かける 걸다(コルダ)
- 飛ぶ 날다(ナルダ)
- 遊ぶ 놀다(ノルダ)
- 住む 살다(サルダ)

形容詞

- 長い 길다(キルダ)
- 甘い 달다(タルダ)
- 遠い 멀다(モルダ)
- 大変だ 힘들다(ヒムドゥルダ)

ㄷ(ティグッ)変則（語幹末がパッチム「ㄷ」で終わる一部の動詞。形容詞はない）

活用形２と活用形３のときは、語幹末のパッチム「ㄷ」が「ㄹ」に変わる！

活用形2

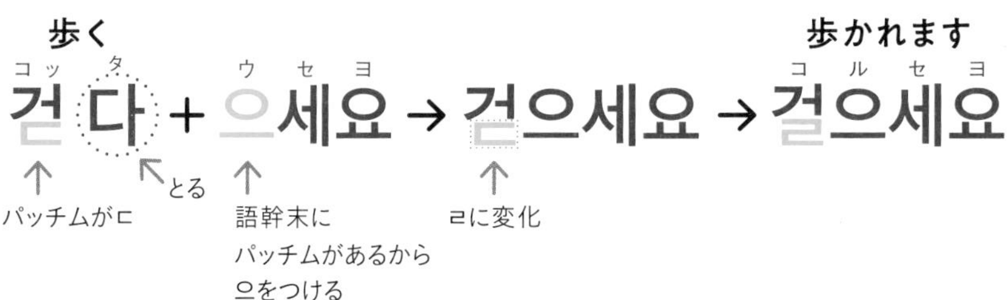

活用形3

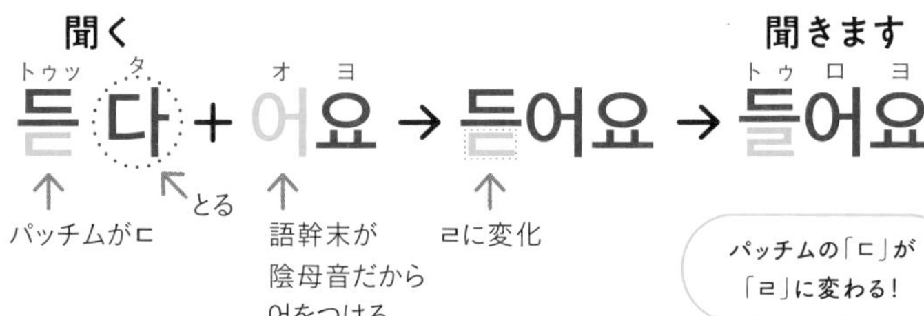

パッチムの「ㄷ」が「ㄹ」に変わる！

少ないから覚えちゃえ！

ㄷ語幹のおもな単語

動詞

- 歩く 걷다（コッタ）
- 聞く 듣다（トゥッタ）
- 尋ねる 묻다（ムッタ）
- 載せる 싣다（シッタ）

ㅂ変則（語幹末がパッチム「ㅂ」で終わるほとんどの形容詞と一部の動詞）

（ㅂ：ビウプ）

活用形２は語幹末のパッチムㅂ＋으＝우になり、活用形３は語幹末のパッチムㅂ＋어＝워になる！

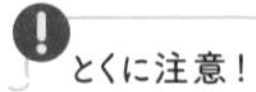

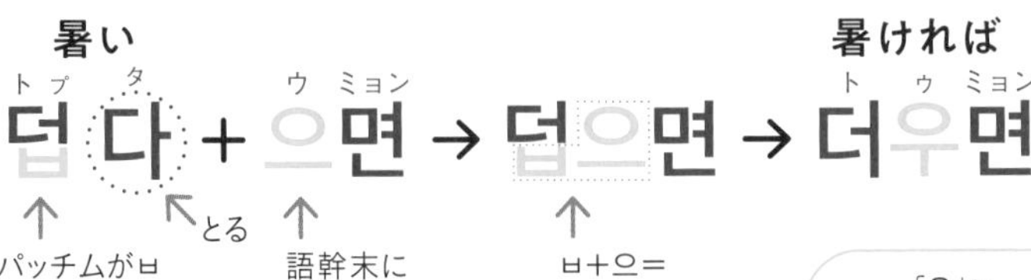

パッチムがㅂ

語幹末にパッチムがあるから으をつける

ㅂ＋으＝우に変化

「우」に変わるんだね！

活用形３

辛い

맵다（メプタ）＋어요（オヨ）→ 맵 ＋ 어요 → 매우어요 → 매워요（メウォヨ）

辛いです

パッチムがㅂ　とる

우に変化

우＋어＝워になる

陰母音でも陽母音でも어がつくよ！

ただし、돕다（助ける）、곱다（美しい）だけは例外で아がついて도와요、고와요になるよ！

ㅂ変則のおもな単語

動詞

- 焼く 굽다（クプタ）
- 横になる 눕다（ヌプタ）
- 助ける 돕다（トプタ）
- 拾う 줍다（チュプタ）

形容詞

- 近い 가깝다（カッカプタ）
- 軽い 가볍다（カビョプタ）
- ありがたい 고맙다（コマプタ）

르変則（語幹末が「르」の動詞と形容詞）

「르」の直前が陽母音（ㅏ、ㅗ）のときは「ㄹ라」、陰母音（ㅏ、ㅗ以外）のときは「ㄹ러」になる！

活用形3 とくに注意！

知らない　　　　　　　　　　　　　　　知りません

모르다 ＋ 아요 → 모르아요 → 몰라요

（모르다：陽母音 ↑ 모、語幹末が르 ↑ 르、다 ↖とる／르아 ↑ ㄹ라に変化）

「르」の直前の母音が
陽母音か陰母音かに注目！

歌う　　　　　　　　　　　　　　　　　歌います

부르다 ＋ 어요 → 부르어요 → 불러요

（부르다：陰母音 ↑ 부、다 ↖とる／르어 ↑ ㄹ러に変化）

르変則のおもな単語

動詞

- 選ぶ 고르다
- 育てる 기르다
- 知らない 모르다

形容詞

- 怠けている 게으르다
- 違う 다르다
- 正しい 바르다

으変則（語幹末の母音が「ー」の動詞や形容詞）

語幹末の母音「ー」がなくなる！

活用形3

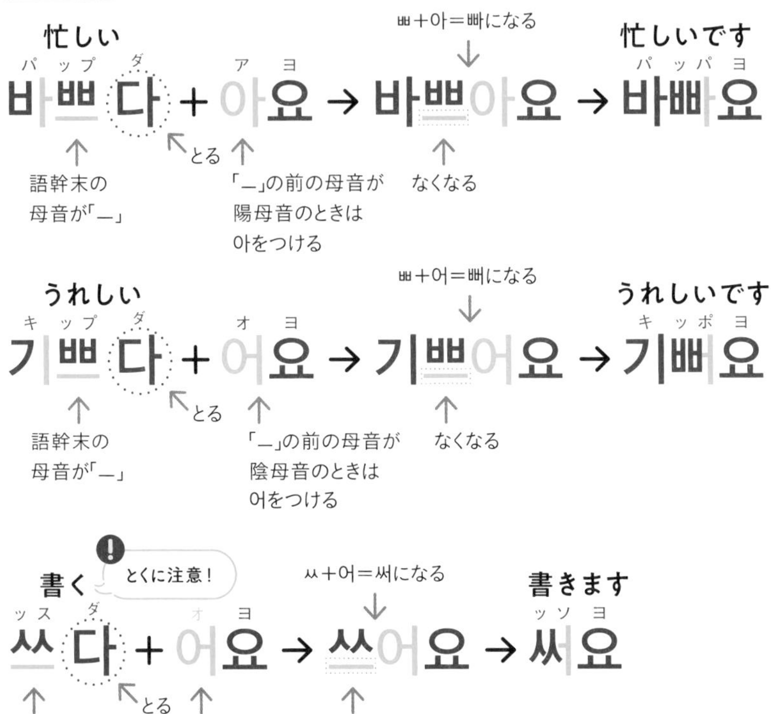

注意！
同じ「ー」の母音でも、語幹が「르」で終わっている動詞や形容詞は르変則のものもあるよ！

으変則のおもな単語

動詞

- 消す 끄다（ックダ）
- 書く・使う 쓰다（ッスダ）
- 従う 따르다（ッタルダ）
- 集める 모으다（モウダ）

形容詞

- お腹がすいている 고프다（コプダ）
- うれしい 기쁘다（キップダ）
- 悪い 나쁘다（ナップダ）

ㅅ(シオッ)変則（語幹末がパッチム「ㅅ」で終わる動詞の一部と形容詞）

「ㅅ」のあとに「아/어」や「으」が続くとパッチム「ㅅ」は消える！

活用形3

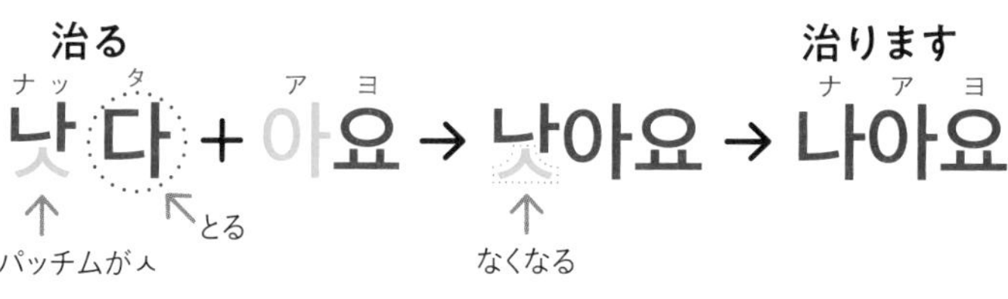

ㅅ変則のおもな単語

動詞

- （線を）引く 긋다
- 治る 낫다
- 注ぐ 붓다
- つなぐ 잇다

形容詞

- ましだ 낫다

形容詞はひとつだけ！

ㅎ(ヒウッ)変則（語幹末がパッチム「ㅎ」で終わる形容詞）

活用形2 とくに注意！

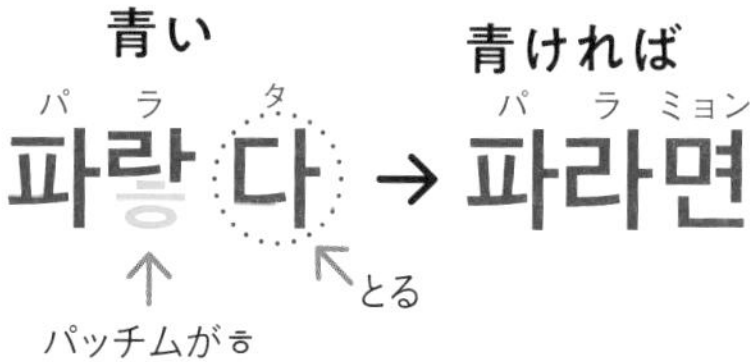

活用形3 とくに注意！

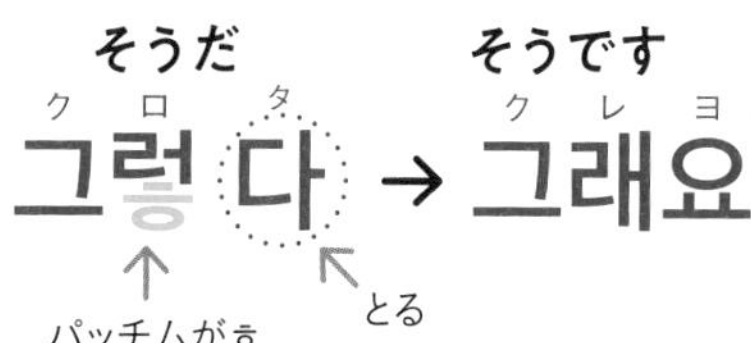

ㅎ変則はちょっと難しいから、活用した形だけ覚えておこう！

ここでおさらい

1 ㄹ語幹

	活用形1 -고/-지만 (～て/～けど)	活用形2 -면/-니까 (～ば/～から)	活用形3 -요/-ㅆ어요 (～ます/～ました)
①살다(住む)	살고/	/사니까	살아요/
②멀다(遠い)	/멀지만	멀면/	/멀었어요
③만들다(作る)	만들고/	/만드니까	만들어요/

2 ㄷ変則・ㅂ変則・ㅅ変則

	活用形1 -고/-지만 (～て/～けど)	活用形2 -면/-니까 (～ば/～から)	活用形3 -요/-ㅆ어요 (～ます/～ました)
①묻다(たずねる)	묻고/	/물으니까	물어요/
②듣다(聞く)	/듣지만	들으면/	/들었어요
③덥다(暑い)	덥고/	/더우니까	더워요/
④맵다(辛い)	/맵지만	매우면/	/매웠어요
⑤낫다(治る)	낫고/	나으면/	나아요/
⑥잇다(つなぐ)	/잇지만	/이으니까	/이었어요

3 ㄹ変則・으変則・ㅎ変則

	活用形1 -고/-지만 （～て/～けど）	活用形2 -면/-니까 （～ば/～から）	活用形3 -요/-ㅆ어요 （～ます/～ました）
①모르다 （知らない）	모르고/	/모르니까	몰라요/
②기르다 （育てる）	/기르지만	기르면/	/길렀어요
③기쁘다 （うれしい）	기쁘고/	/기쁘니까	기뻐요/
④쓰다 （書く）	/쓰지만	쓰면/	/썼어요
⑤파랗다 （青い）	파랗고/	/파라니까	파래요/
⑥하얗다 （白い）	/하얗지만	하야면/	/하얬어요

こたえ

1. ①살지만, 살면, 살았어요　②멀고, 머니까, 멀어요　③만들지만, 만들면, 만들었어요
2. ①묻지만, 물으면, 물었어요　②듣고, 들으니까, 들어요　③덥지만, 더우면, 더웠어요　④맵고, 매우니까, 매워요
⑤낫지만, 나으니까, 나았어요　⑥잇고, 이으면, 이어요
3. ①모르지만, 모르면, 몰랐어요②기르고, 기르니까, 길러요　③기쁘지만, 기쁘면, 기뻤어요　④쓰고, 쓰니까, 써요
⑤파랗지만, 파라면, 파랬어요　⑥하얗고, 하야니까, 하얘요

Chapter 1
Chapter 2
Chapter 3

COLUMN 1

ハングル文字の名前

「ㄱ、ㄴ、ㄷ…」などのハングルの子音文字にはそれぞれ名前があります。韓国のバラエティ番組などを見ていると、この子音の名前がたびたび登場することがあります。また、韓国語のスペルの間違いを指摘されるときも、「そこは기역ですよ」などと言われることもありますし、逆に確認するときなども、覚えておくと役立ちます。

●基本子音と激音

文字	名称
ㄱ	기역（キヨク）
ㄴ	니은（ニウン）
ㄷ	디귿（ティグッ）
ㄹ	리을（リウル）
ㅁ	미음（ミウム）
ㅂ	비읍（ピウプ）
ㅅ	시옷（シオッ）

文字	名称
ㅇ	이응（イウン）
ㅈ	지읒（チウッ）
ㅊ	치읓（チウッ）
ㅋ	키읔（キウク）
ㅌ	티읕（ティウッ）
ㅍ	피읖（ピウプ）
ㅎ	히읗（ヒウッ）

●濃音

文字	名称
ㄲ	쌍기역（ッサンギヨク）
ㄸ	쌍디귿（ッサンディグッ）
ㅃ	쌍비읍（ッサンビウプ）

文字	名称
ㅆ	쌍시옷（ッサンシオッ）
ㅉ	쌍지읒（ッサンジウッ）

Chapter 2

きほんの動詞

韓国語を学んでいるのに、いざ韓国の人と会話をしてみたら、「まったく単語が出てこなかった！」というくやしい経験をした方も多いのでは。ここで紹介するのは70の動詞。これだけは覚えておけば、韓国語でコミュニケーションをとることができます。会話をするには、やっぱり動詞の活用を覚えることが第一です。

Track 005

用言について

韓国語の用言には、動詞・形容詞・存在詞・指定詞があります。活用する言葉・用言について、ここでおさらいしておきましょう！
本書ではこれらの用言から厳選して紹介しています。

用言のポイント

1. 用言の語尾はすべて「다」で終わる。
2. 「基本形」は辞書に載っている言い切りの形で、「原形」とも言われる。
3. 用言には動詞・形容詞のほかに、存在詞・指定詞がある。

● 動詞

事物の動作や作用、状態などを表す語。

例 基本形 가다（カダ） 行く　ヘヨ体 가요（カヨ） 行きます

例 基本形 먹다（モクタ） 食べる　ヘヨ体 먹어요（モゴヨ） 食べます

例 基本形 알다（アルダ） 知る・わかる　ヘヨ体 알아요（アラヨ） 知ります・わかります

● 形容詞

事物の性質や状態、心情などを表す語。日本語の形容動詞も韓国語では形容詞の扱いです。

例 基本形 좋다（チョタ） よい　ヘヨ体 좋아요（チョアヨ） よいです

例 基本形 조용하다（チョヨンハダ） 静かだ　ヘヨ体 조용해요（チョヨンヘヨ） 静かです

● 存在詞

存在の有無を表す語。 韓国語では、 人や物の区別なく、 すべて있다・없다を使います。 ※本書では、「있다（ある・いる）」は動詞、「없다（ない・いない）」は形容詞に分類しました。「계시다（いらっしゃる）」も存在詞ですが、 本書では動詞に分類しています。

例 基本形 있다（イッタ） ある・いる ／ 없다（オプタ） ない・いない

例 ヘヨ体 있어요（イッソヨ） あります・います ／
없어요（オプソヨ） ありません・いません

● 指定詞

「～である・でない」という意味にあたる語。

例 基本形 -이다（イダ） ～である ／ (가／이)（カ／イ） 아니다（アニダ） ～でない

例 ヘヨ体 -예요／이에요（イェヨ／イエヨ） ～です ／
(가／이)（カ／イ） 아니에요（アニエヨ） ～ではないです

● 하다用言

韓国語には「사랑하다（愛する）」「산책하다（散歩する）」などのように「하다」のつく動詞や、「조용하다（静かだ）」「편리하다（便利だ）」などのように「하다」のつく形容詞があります。「하다」のヘヨ体は「해요」です。

● 하다動詞

例 基本形 공부하다（コンフハダ） 勉強する ヘヨ体 공부해요（コンブヘヨ） 勉強します

例 基本形 노래하다（ノレハダ） 歌う ヘヨ体 노래해요（ノレヘヨ） 歌います

● 하다形容詞

例 基本形 편리하다（ピョルリハダ） 便利だ ヘヨ体 편리해요（ピョルリヘヨ） 便利です

例 基本形 친절하다（チンジョラダ） 親切だ ヘヨ体 친절해요（チンジョレヨ） 親切です

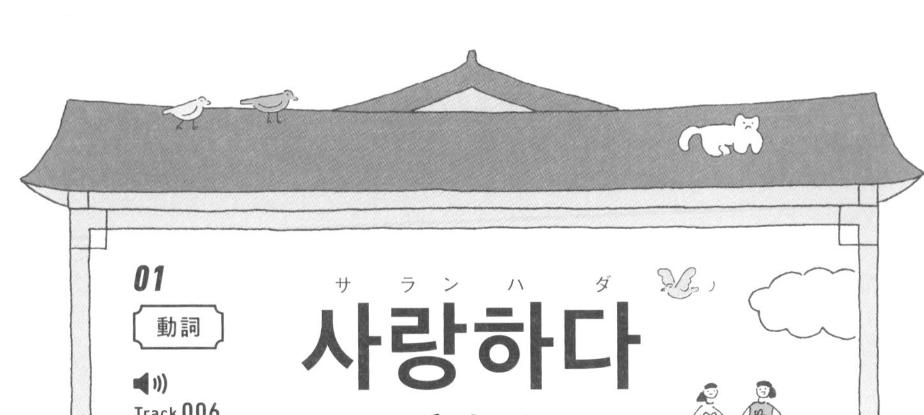

01

動詞

Track 006

사랑하다（サランハダ）

愛する

그 사람을 사랑하고 있어요 .（ク サラムル サランハゴ イッソヨ）

あの 人を 愛しています。

POINT

「사랑하다」の「사랑」は「愛、恋」という意味です。「사랑하다」は誰かを慕うときだけでなく、「음악을 사랑해요（音楽を愛します）」のように、何かに心が引きつけられるときにも使えます。

活用形

1 사랑하 ＋고 싶어요 → 사랑하고 싶어요（サランハゴ シポヨ）（愛したいです）

2 사랑하 ＋면 → 사랑하면（サランハミョン）（愛すれば）

3 사랑해 ＋요 → 사랑해요（サランヘヨ）（愛しています）

「사랑하다」の使い方いろいろ

- 나라를 사랑하다（ナラルル サランハダ）（国を愛する）
- 음악을 사랑하다（ウマグル サランハダ）（音楽を愛する）
- 영화를 사랑하다（ヨンフワルル サランハダ）（映画を愛する）
- 여친을 사랑하다（ヨチヌル サランハダ）（彼女を愛する）

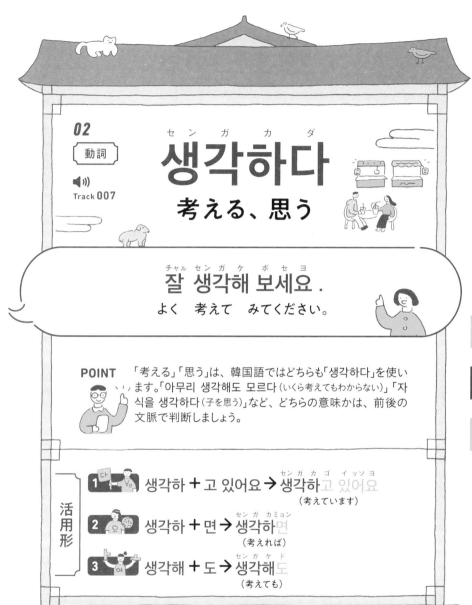

02

動詞

Track 007

생각하다

センガカダ

考える、思う

チャル センガケ ボセヨ
잘 생각해 보세요 .
よく 考えて みてください。

POINT  「考える」「思う」は、韓国語ではどちらも「생각하다」を使います。「아무리 생각해도 모르다(いくら考えてもわからない)」「자식을 생각하다(子を思う)」など、どちらの意味かは、前後の文脈で判断しましょう。

活用形

1 생각하 ＋ 고 있어요 → 생각하고 있어요（センガカゴ イッソヨ）
（考えています）

2 생각하 ＋ 면 → 생각하면（センガカミョン）
（考えれば）

3 생각해 ＋ 도 → 생각해도（センガケド）
（考えても）

「생각하다」の使い方いろいろ

- 부모를 생각하다（プモルル センガカダ）（親を思う）
- 고향을 생각하다（コヒャンウル センガカダ）（故郷を思う）
- 장래를 생각하다（チャンネルル センガカダ）（将来を考える）
- 옛날을 생각하다（イェンナルル センガカダ）（昔を思う）

03

動詞

Track 008

만나다（マンナダ）

会う、出会う、遭う

어제 친구를 만났어요.（オジェ チングルル マンナッソヨ）

昨日、 友達に 会いました。

POINT

「만나다」は、誰かと会う以外に、偶然に出会ったり、思いもよらない出来事に遭遇したりする場合にも使います。日本語の助詞と使い方が違って「-을/를（～を）만나다」の形になるのがポイントです。

活用形

1. 만나 ＋ 네요 → 만나네요（マンナネヨ）（会いますね）
2. 만나 ＋ 러 → 만나러（マンナロ）（会いに）
3. 만나 ＋ 서 → 만나서（マンナソ）（会って）

「만나다」の使い方いろいろ

- 가족을 만나다（カジョグル マンナダ）（家族に会う）
- 소나기를 만나다（ソナギルル マンナダ）（夕立に遭う）
- 좋은 사람을 만나다（チョウン サラムル マンナダ）（いい人に出会う）
- 행운을 만나다（ヘンウヌル マンナダ）（幸運に恵まれる）

04

動詞

Track 009

맞다

合う、正しい

여기가 명동 맞아요?

ここが　明洞ですか?

POINT

「맞다」は、「눈이 맞다(目が合う→心が通じ合う、恋に落ちる)」「손발이 맞다(手足が合う→息が合う)」「죽이 맞다(馬が合う)」などのように、慣用表現としてもよく使われます。

活用形

1. 맞＋고→맞고（合って）
2. 맞으＋면→맞으면（合えば）
3. 맞아＋요→맞아요（合います）

「맞다」の使い方いろいろ

- 답이 맞다(答えが正しい)
- 말이 맞다(話が正しい)
- 마음이 맞다(気が合う)
- 옷이 맞다(服が(体にぴったり)合う)

05

動詞

Track 010

チュダ
주다
あげる、与える、くれる

ソンムルル チュゴ シポヨ
선물을 주고 싶어요 .
プレゼントを　あげたいです。

POINT

「주다」には、「(私が)あげる」と、「(相手が)くれる」という反対の意味があります。「돈을 주다」が、「お金をあげる・くれる」のどちらの意味になるかは文脈で判断しましょう。なお、「くださる」は「주시다」、「差し上げる」は「드리다」と言います。

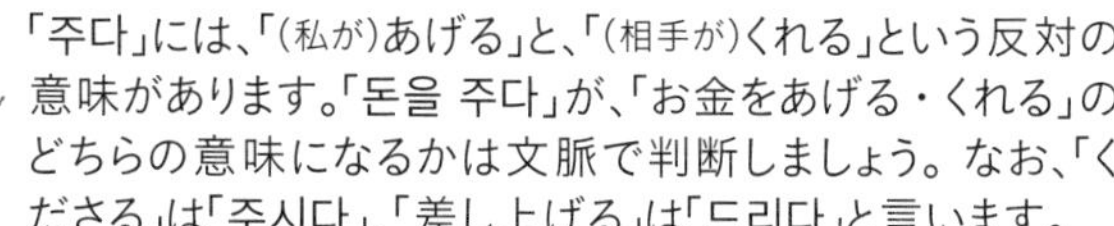

活用形

1 주 + 지만 → 주지만(チュジマン)
(あげるけれど)

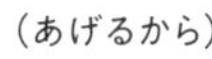

2 주 + 니까 → 주니까(チュニッカ)
(あげるから)

3 (주어→) 줘 + 요 → 주어요(チュオヨ) / 줘요(チュォヨ)
(あげます)

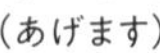

「주다」の使い方いろいろ

- 꽃을 주다(ッコチュル チュダ)(お花をあげる)
- 피해를 주다(ピヘルル チュダ)(被害を与える)
- 기회를 주다(キフェルル チュダ)(機会を与える)
- 용돈을 주시다(ヨントヌル チュシダ)(お小遣いをくださる)

06

動詞

Track 011

받다（パッタ）

もらう、受ける

사랑을 받고 싶어요 .（サランウル パッコ シポヨ）

愛を　もらいたいです。→愛されたいです。

POINT

「받다」は、「선물을 받다（プレゼントをもらう）」のような具体的なもの以外に、「감동을 받다（感動を受ける）」など、影響や非難のような抽象的なものを受けとるときにも使えます。

活用形

1. 받＋고 싶어요→받고 싶어요（パッコ シポヨ）（もらいたいです）
2. 받으＋면→받으면（パドゥミョン）（もらえれば）
3. 받아＋주세요→받아 주세요（パダジュセヨ）（もらってください）

「받다」の使い方いろいろ

- 월급을 받다（ウォルグブル パッタ）（月給をもらう）
- 메일을 받다（メイルル パッタ）（メールを受け取る）
- 영향을 받다（ヨンヒャンウル パッタ）（影響を受ける）
- 상을 받다（サンウル パッタ）（賞をもらう）

07

動詞

Track 012

걷다

歩く、歩む、行く

매일 역까지 걸어요 .

毎日、 駅まで 歩きます。

POINT

「걷다」は、「바른 길을 걷다（正道を歩む）」のような抽象的な意味の「歩む」にも使えます。「걷다」は「ㄷ変則」なので、活用形2・3のときは、語幹の「걷」が「걸」に変わり、「걸으면」「걸어요」になります。

ㄷ変則

活用形

1 걷 ＋ 지만 → 걷지만（歩くけれど）

2 걸으 ＋ 면 → 걸으면（歩くと）

3 걸어 ＋ 요 → 걸어요（歩きます）

「걷다」の使い方いろいろ

- 길을 걷다（道を歩く）
- 비틀비틀 걷다（ふらふら歩く）
- 천천히 걷다（ゆっくり歩く）
- 외길을 걷다（一本道を歩む）

08

動詞

Track 013

달리다

タルリダ

走る

달리면 건강에 좋아요.

タルリミョン コンガンエ チョアヨ

走れば　健康に　いいです。

POINT 「走る」は、「달리다」のほかに「뛰다」もあります。ただし「뛰다」は、「飛び上がる、跳ねる」というイメージで、乗り物には使いません。ちなみに「ランニング」は「달리기」、「高跳び」は「높이뛰기」、「幅跳び」は「넓이뛰기」と言います。

活用形

1 달리 ＋ 지만 → 달리지만（タルリジマン）
（走るけれど）

2 달리 ＋ 니까 → 달리니까（タルリニッカ）
（走るので）

3 (달리어→) 달려 ＋ 요 → 달려요（タルリョヨ）
（走ります）

「달리다」の使い方いろいろ

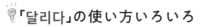

- 길을 달리다（キルル タルリダ）（道を走る）
- 운동장을 달리다（ウンドンジャンウル タルリダ）（グラウンドを走る）
- 버스가 달리다（ポスガ タルリダ）（バスが走る）
- 말이 달리다（マリ タルリダ）（馬が走る）

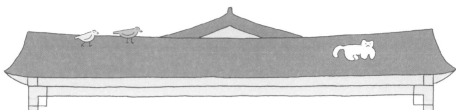

09

動詞

Track 014

말하다
マラダ

話す、言う

チングハンテ　タ　マレッソヨ
친구한테 다 말했어요 .
友達に　全部　話しました。

POINT 「말하다」は「말（言葉）」に하다がついてできた語です。「말하다」からできた名詞に「말하기（スピーキング）」があります。ちなみに「リーディング」は「읽기」、「リスニング」は「듣기」、「ライティング」は「쓰기」です。

活用形

1 말하＋죠→말하죠（マラジョ）
（話しましょう）

2 말하＋세요→말하세요（マラセヨ）
（話してください）

3 말해＋도→말해도（マレド）
（話しても）

「말하다」の使い方いろいろ

- 생각을 말하다（センガグル マラダ）（考えを話す）
- 의견을 말하다（ウイギョヌル マラダ）（意見を言う）
- 솔직히 말하다（ソルチキ マラダ）（率直に話す）
- 느낌을 말하다（ヌッキムル マラダ）（感想を話す）

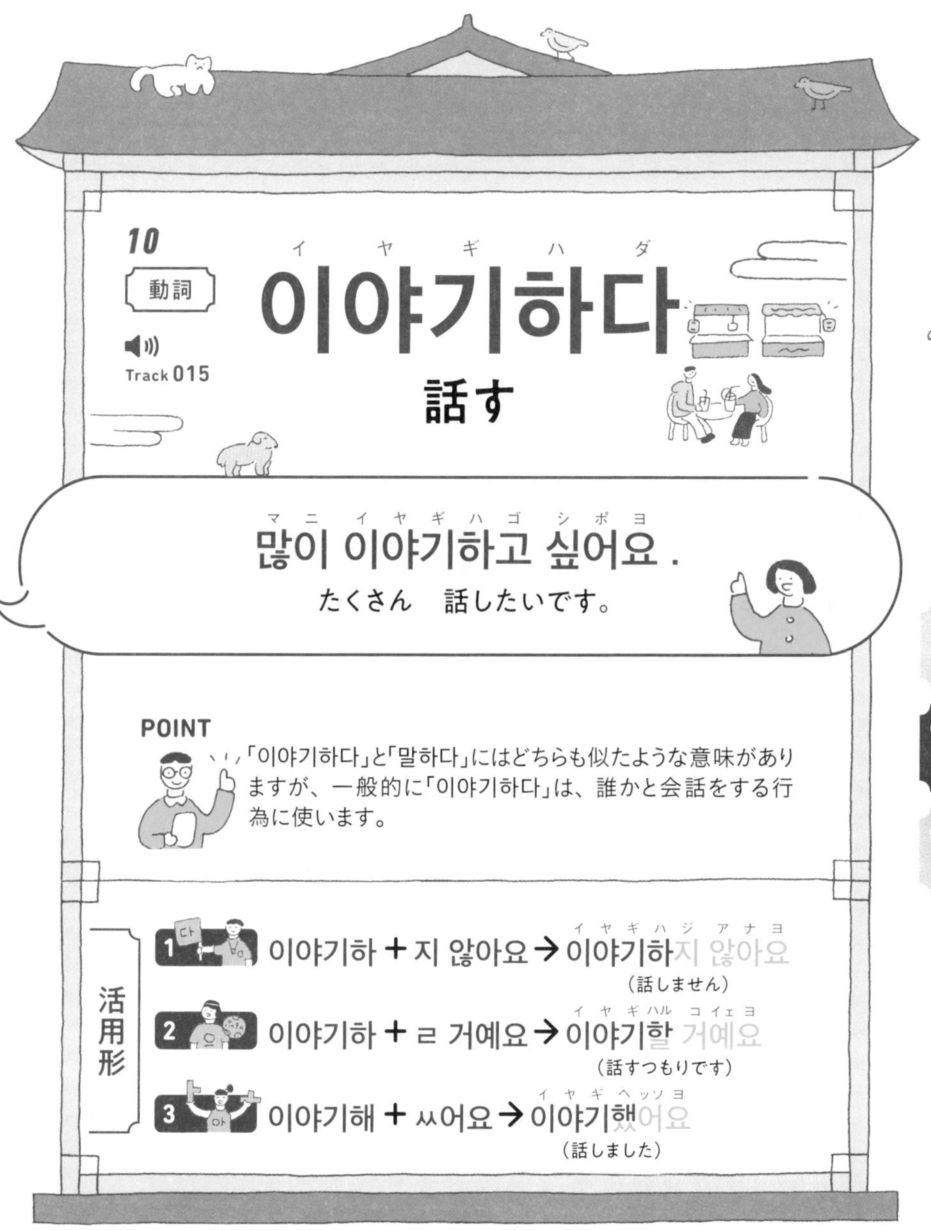

10

動詞

Track 015

이야기하다（イヤギハダ）

話す

많이 이야기하고 싶어요.（マニ イヤギハゴ シポヨ）

たくさん　話したいです。

POINT

「이야기하다」と「말하다」にはどちらも似たような意味がありますが、一般的に「이야기하다」は、誰かと会話をする行為に使います。

活用形

1. 이야기하 ＋ 지 않아요 → 이야기하지 않아요（イヤギハジ アナヨ）
（話しません）

2. 이야기하 ＋ ㄹ 거예요 → 이야기할 거예요（イヤギハル コイェヨ）
（話すつもりです）

3. 이야기해 ＋ ㅆ어요 → 이야기했어요（イヤギヘッソヨ）
（話しました）

「이야기하다」の使い方いろいろ

- 생각을 이야기하다（センガグル イヤギハダ）（考えを話す）
- 친구와 이야기하다（チングワ イヤギハダ）（友達と話す）
- 동생한테 이야기하다（トンセンハンテ イヤギハダ）（弟/妹に話す）
- 즐겁게 이야기하다（チュルゴプケ イヤギハダ）（楽しく話す）

ここでおさらい

1 3つの中から正しいと思うものを選びましょう。

(1) 彼氏を愛しています。
남친을 ( ) 있어요 .
① 사랑해요 ② 사랑하면 ③ 사랑하고

(2) 私は猫を愛します。
나는 고양이를 ( ).
① 사랑해서 ② 사랑해요 ③ 사랑해도

(3) もう一度考えてみてください。
한번 더 ( ) 보세요 .
① 생각해 ② 생각하면 ③ 생각해요

(4) ソウル旅行を考えています。
서울 여행을 ( ) 있어요 .
① 생각하면 ② 생각해 ③ 생각하고

(5) 先生に会いたいです。
선생님을 ( ) 싶어요 .
① 만나면 ② 만나고 ③ 만나서

(6) 友達に会ってうれしいです。
친구를 ( ) 기뻐요 .
① 만나서 ② 만나러 ③ 만나면

こたえ
(1)③ (2)② (3)① (4)③ (5)② (6)①

(7) お互い気が合えばうれしいです。
서로 마음이 잘 (　　　　) 좋겠어요 .

① 맞으면　② 맞은　③ 맞는

(8) この服は私によく合います。
이 옷은 저한테 잘 (　　　　).

① 맞고　② 맞아요　③ 맞으면

(9) お小遣いをあげたいです。
용돈을 (　　　　) 싶어요 .

① 주는　② 줘서　③ 주고

(10) 姉の誕生日に花をあげます。
누나 생일 때 꽃을 (　　　　).

① 주면　② 주어요　③ 주고

(11) このプレゼントをもらってください。
이 선물을 (　　　　) 주세요 .

① 받아　② 받으면　③ 받고

(12) ボーナスをたくさんもらいました。
보너스를 많이 (　　　　).

① 받다　② 받아요　③ 받았어요

こたえ
(7) ①　(8) ②　(9) ③　(10) ②　(11) ①　(12) ③

Chapter 1
Chapter 2
Chapter 3

(13) 歩くと健康によいです。
( ) 건강에 좋아요 .

① 걸으면 ② 걸어서 ③ 걷고

(14) とぼとぼ歩いて行きました。
터벅터벅 ( ) 갔어요 .

① 걷고 ② 걸으면 ③ 걸어

(15) 毎日運動場を走ります。
매일 운동장을 ( ) .

① 달려요 ② 달렸어요 ③ 달리고 싶어요

(16) 速く走るのでうらやましいです。
빨리 ( ) 부러워요 .

① 달리고 ② 달리면 ③ 달리니까

(17) 友人に言いたいです。
친구한테 ( ) 싶어요 .

① 말하면 ② 말하고 ③ 말해도

(18) 感じたことをすべて言ってもいいです。
느낌을 다 ( ) 괜찮아요 .

① 말하고 ② 말해도 ③ 말하면

こたえ
(13) ① (14) ③ (15) ① (16) ③ (17) ② (18) ②

(19) まだ話していません。
아직 (   ) 않았어요 .

① 이야기하면　② 이야기하고　③ 이야기하지

(20) 友達に話すつもりです。
친구한테 (   ) 거예요 .

① 이야기하고　② 이야기할　③ 이야기하면

(21) 弟（妹）に会いにソウルに行きます。
동생을 (   ) 서울에 가요 .

① 만나고　② 만나면　③ 만나러

(22) 野菜をたくさんくれるのでうれしいです。
야채를 많이 (   ) 좋아요 .

① 주니까　② 주고　③ 주는

(23) 会社に歩いて行きました。
회사에 (   ) 갔어요 .

① 걸으면　② 걸어서　③ 걷고

(24) 速く走りたいです。
빨리 (   ) 싶어요 .

① 달리니까　② 달리고　③ 달려서

こたえ
(19) ③　(20) ②　(21) ③　(22) ①　(23) ②　(24) ②

ここでおさらい

2 ( )に単語を活用して書き入れましょう。

(1) 彼女を愛しています。
그녀를 (　　　　　).

hint ▸ 사랑하다の活用形3 + 요

(2) 愛する人と別れました。
(　　　　　) 사람과 헤어졌어요 .

hint ▸ 사랑하다の活用形1 + 는

(3) もう少し考えてみてください。
좀 더 (　　　　　) 보세요 .

hint ▸ 생각하다の活用形3

(4) 就職を考えています。
취직을 (　　　　　) 있어요 .

hint ▸ 생각하다の活用形1 + 고

(5) 友人たちに会いたいです。
친구들을 (　　　　　) 싶어요 .

hint ▸ 만나다の活用形1 + 고

こたえ
(1) 사랑해요　(2) 사랑하는　(3) 생각해　(4) 생각하고　(5) 만나고

(6) 姉に会いに行きました。
누나를 (　　　　　) 갔어요 .

hint ▸ 만나다の活用形2 + 러

(7) 時間が合わなくて会えません。
시간이 잘 안 (　　　　　) 못 만나요 .

hint ▸ 맞다の活用形3 + 서

(8) お互い性格が合うといいのですが。
성격이 서로 (　　　　　) 좋겠어요 .

hint ▸ 맞다の活用形2 + 면

(9) プレゼントをたくさんくれるといいのですが。
선물을 많이 (　　　　　) 좋겠어요 .

hint ▸ 주다の活用形2 + 면

(10) 弟（妹）に本を買ってあげました。
동생한테 책을 사 (　　　　　).

hint ▸ 주다の活用形3 + ㅆ어요

こたえ
(6) 만나러　(7) 맞아서　(8) 맞으면　(9) 주면　(10) 주었어요

ここでおさらい

(11) 先生にほめてもらいたいです。
선생님한테 칭찬을 (　　　　　) 싶어요 .

hint ▸ 받다の活用形1 + 고

(12) ビートルズの影響を多く受けました。
비틀즈의 영향을 많이 (　　　　　).

hint ▸ 받다の活用形3 + ㅆ어요

(13) たくさん歩くと健康によいです。
많이 (　　　　　) 건강에 좋아요 .

hint ▸ 걷다の活用形2 + 면

(14) 天気がいいから歩きたいです。
날씨가 좋으니까 (　　　　　) 싶어요 .

hint ▸ 걷다の活用形1 + 고

(15) 朝走る人が多いです。
아침에 (　　　　　) 사람들이 많아요 .

hint ▸ 달리다の活用形1 + 는

こたえ
(11) 받고　(12) 받았어요　(13) 걸으면　(14) 걷고　(15) 달리는

(16) 毎日少しずつ走っています。
매일 조금씩 (　　　　　) 있어요 .

hint ▸ 달리다の活用形1 + 고

(17) 正直に言ってください。
솔직하게 (　　　　　) 주세요 .

hint ▸ 말하다の活用形3

(18) 言いたい事が多いです。
(　　　　　) 싶은 것이 많아요 .

hint ▸ 말하다の活用形1 + 고

(19) 一緒に話したいです。
같이 (　　　　　) 싶어요 .

hint ▸ 이야기하다の活用形1 + 고

(20) 何も話しませんでした。
아무 것도 (　　　　　) 않았어요 .

hint ▸ 이야기하다の活用形1 + 지

Chapter 1
Chapter 2
Chapter 3

こたえ

(16) 달리고　(17) 말해　(18) 말하고　(19) 이야기하고　(20) 이야기하지

11

動詞

Track 016

가다

行く

서울에 가 보고 싶어요.

ソウルに　行って　みたいです。

POINT

「가다」には、「관심이 가다（関心が向く）」「호감이 가다（好感が持てる）」「이해가 가다（理解ができる）」「금이 가다（ひびが入る）」「손이 가다（手が行く→手間がかかる）」などのような、慣用表現も多いです。

活用形

1 가 + 지만 → 가지만（行くけれど）

2 가 + ㄹ 것 같아요 → 갈 것 같아요（行くと思います）

3 （가아→）가 + 요 → 가요（行きます）

「가다」の使い方いろいろ

- 집에 가다（家に帰る）
- 등산을 가다（ハイキングに行く）
- 군대에 가다（軍隊に行く）
- 정이 가다（情が移る）

12

動詞

Track 017

오다（オダ）

来る

내일 사촌이 와요.（ネイル サチョニ ワヨ）

明日、 いとこが 来ます。

POINT 「오다」には、「비가 오다（雨が降る）」「눈이 오다（雪が降る）」のように「降る」という意味もあります。また、「전기가 오다（電気がつく）」「감이 오다（予感がする）」「감기가 오다（風邪を引きそうだ）」のような慣用表現も多いです。

活用形

1 오 ＋ 고 싶어요 → 오고 싶어요（オゴ シポヨ）
（来たいです）

2 오 ＋ 니까 → 오니까（オニッカ）
（来るから）

3 (오아→) 와 ＋ 주세요 → 와 주세요（ワ ジュセヨ）
（来てください）

Chapter 1

Chapter 2

Chapter 3

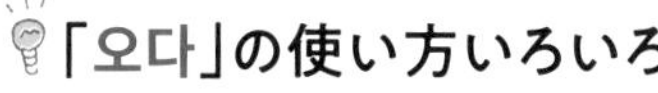

「오다」の使い方いろいろ

- 친구가 오다（チングガ オダ）（友達が来る）
- 기차로 오다（キチャロ オダ）（列車で来る）
- 메일이 오다（メイリ オダ）（メールが届く）
- 봄이 오다（ポミ オダ）（春が来る）

13

動詞

Track 018

넣다（ノタ）

入れる

돈을 지갑에 넣었어요 .（トヌル チガベ ノオッソヨ）

お金を　財布に　入れました。

POINT

「넣다」は日本語と同様に、「스위치를 넣다（スイッチを入れる）」「전원을 넣다（電源を入れる）」のような具体的な事柄や、「기합을 넣다（気合を入れる）」のような抽象的な事柄にも使います。

活用形

1 넣＋겠어요→넣겠어요（ノケッソヨ）
（入れます）

2 넣으＋면→넣으면（ノウミョン）
（入れれば）

3 넣어＋보세요→넣어 보세요（ノオ ボセヨ）
（入れてみてください）

「넣다」の使い方いろいろ

- 가방에 넣다（カバンエ ノタ）（かばんに入れる）
- 안약을 넣다（アニャグル ノタ）（目薬をさす）
- 설탕을 넣다（ソルタンウル ノタ）（砂糖を入れる）
- 손에 넣다（ソネ ノタ）（手に入れる）

14
動詞
Track 019
ネ　ダ
내다
出す
コ　ピ　ガㇷ゚スン　チェ　ガ　ネル　ケ　ヨ
커피값은 제가 낼게요 .
コーヒー代は　私が　持ちます。
POINT
「내다」は、主語や使用場面によって、「出す」からさまざまな意味に変化します。「돈을 내다（お金を出す→お金を払う）」「멋을 내다（おしゃれを出す→おしゃれをする）」「식사를 내다（食事を出す→食事をおごる）」などが一例です。
活用形
1 내 ＋ 지만 → 내지만（出すけれど）
2 내 ＋ ㄹ거예요 → 낼 거예요（出すでしょう）
3 (내어→) 내 ＋ 요 → 내요（出します）

「내다」の使い方いろいろ

- 책을 내다（本を出す）
- 땀을 내다（汗を出す）
- 신문에 내다（新聞に出す）
- 시간을 내다（時間をつくる）

15

動詞

Track 020

사다（サダ）

買う

꽃을 사고 싶어요.（ッコチュル サゴ シポヨ）

花を　買いたいです。

POINT

「사다」は、「감정을 사다（恨みを買う）」など、抽象的なものを買う表現にも使えます。また「買う」以外に、「招く、（価値を）認める」などの意味もあります。

活用形

1 사 + 지 않았어요 → 사지 않았어요（サジ アナッソヨ）（買いませんでした）

2 사 + 니까 → 사니까（サニッカ）（買うから）

3 （사아→）사 + 요 → 사요（サヨ）（買います）

「사다」の使い方いろいろ

- 옷을 사다（オスル サダ）（服を買う）
- 밥을 사다（パブル サダ）（ご飯を買う→ご飯をおごる）
- 사람을 사다（サラムル サダ）（人を買う→人を雇う）
- 오해를 사다（オヘルル サダ）（誤解を招く）

16

動詞

Track 021

팔다（パルダ）

売る

여기서는 모자도 팔아요.（ヨギソヌン モジャド パラヨ）

ここでは　帽子も　売っています。

POINT

「買ったり売ったり」は「사고 팔고」。会話ではしばしば「고」を「구」と発音するので、「사고 팔고」は「사구 팔구(4989)」になります。日本では「四苦八苦」が連想され嫌われがちですが、韓国ではお店の電話番号に使うほど人気です。

ㄹ語幹

活用形

1 팔 ＋ 고 싶어요 → 팔고 싶어요（パルゴ シポヨ）
（売りたいです）

2 파 ＋ ㄹ게요 → 팔게요（パルケヨ）
（売りますね）

3 팔아 ＋ ㅆ어요 → 팔았어요（パラッソヨ）
（売りました）

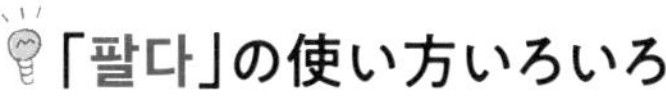

「팔다」の使い方いろいろ

- 집을 팔다（チブル パルダ）（家を売る）
- 비싸게 팔다（ピッサゲ パルダ）（高く売る）
- 양심을 팔다（ヤンシムル パルダ）（良心を売り渡す）
- 한눈을 팔다（ハンヌルル パルダ）（片目を売る→よそ見をする）

17

動詞

Track 022

자다（チャダ）

寝る

어제는 늦게 잤어요.（オジェヌン ヌッケ チャッソヨ）

昨日は　遅く　寝ました。

POINT

「자다」が変化してできた名詞は「잠（寝ること、睡眠）」。動詞を名詞化するには「活用形3＋ㅁ」。例えば、「그리다（描く）→그림（絵）」「맑다（晴れる）→맑음（晴れ）」「웃다（笑う）→웃음（笑い）」などです。

活用形

1 자＋지 마세요→자지 마세요（チャジ マセヨ）
（寝ないでください）

2 자＋면→자면（チャミョン）
（寝れば）

3 （자아→）자＋요→자요（チャヨ）
（寝ます）

「자다」の使い方いろいろ

- 일찍 자다（イルチク チャダ）（早く寝る）
- 낮잠을 자다（ナッチャムル チャダ）（昼寝をする）
- 침대에서 자다（チムデエソ チャダ）（ベッドで寝る）
- 누워서 자다（ヌウォソ チャダ）（横になって寝る）

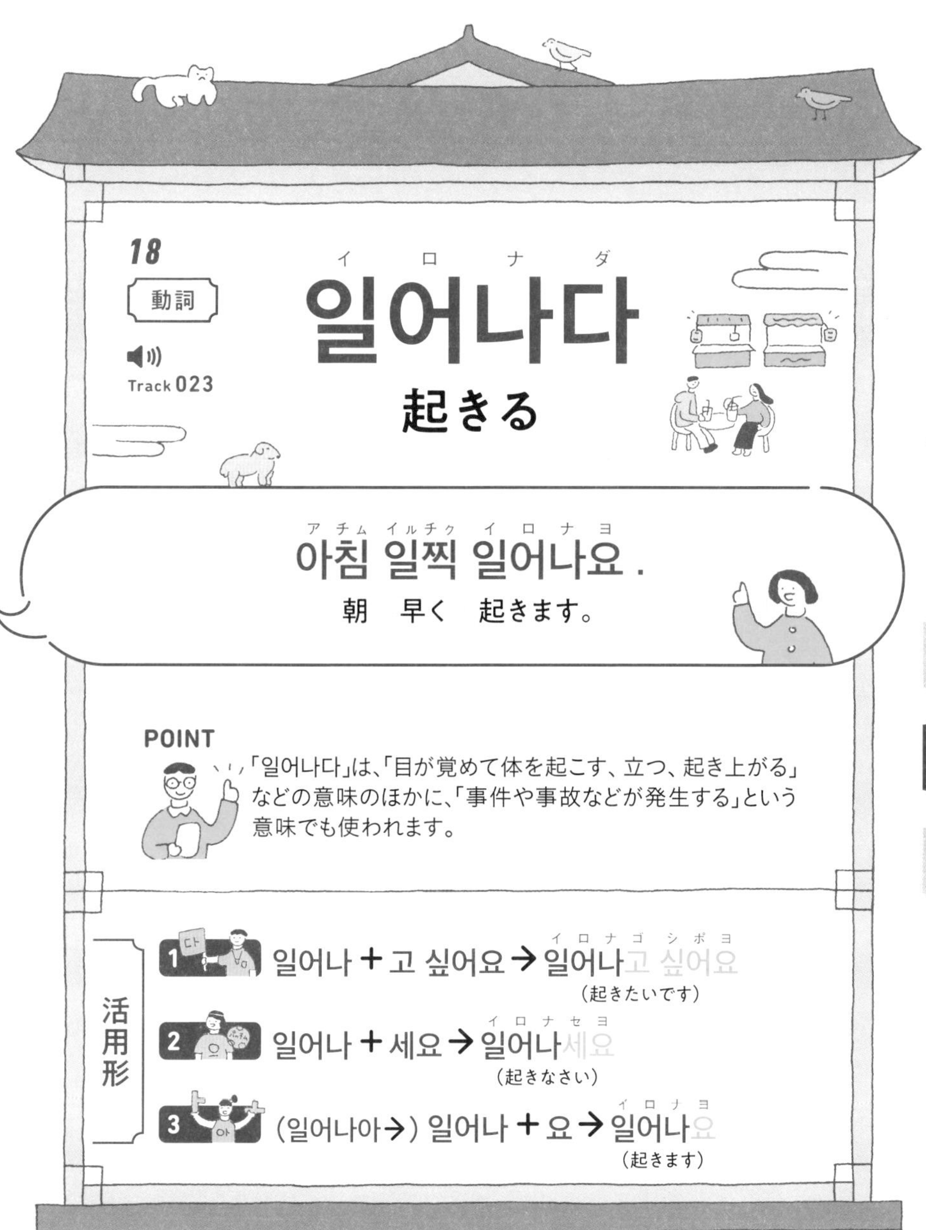

18

動詞

Track 023

일어나다（イロナダ）

起きる

아침 일찍 일어나요.（アチム イルチク イロナヨ）

朝 早く 起きます。

POINT

「일어나다」は、「目が覚めて体を起こす、立つ、起き上がる」などの意味のほかに、「事件や事故などが発生する」という意味でも使われます。

活用形

1. 일어나 ＋ 고 싶어요 → 일어나고 싶어요（イロナゴ シポヨ）
（起きたいです）
2. 일어나 ＋ 세요 → 일어나세요（イロナセヨ）
（起きなさい）
3. (일어나아→) 일어나 ＋ 요 → 일어나요（イロナヨ）
（起きます）

「일어나다」の使い方いろいろ

- 늦게 일어나다（ヌッケ イロナダ）（遅く起きる）
- 침대에서 일어나다（チムデエソ イロナダ）（ベッドから起きる）
- 자리에서 일어나다（チャリエソ イロナダ）（席から立ち上がる）
- 사고가 일어나다（サゴガ イロナダ）（事故が起きる）

19

動詞

Track 024

보내다（ノ ポ ネ ダ）

送る

회사에 메일을 보냈어요 .（フェサエ メイルル ボネッソヨ）

会社に　メールを　送りました。

POINT　「보내다」には「物や手紙・情報などを送る、届ける」のほかに、「人をある場所に行かせる」「歳月を過ごす」などの意味があります。また、「手紙を出す」は、「편지를 보내다（手紙を送る）」と言います。

活用形

1. 보내 ＋ 지 않아요 → 보내지 않아요（ボネジ アナヨ）（送りません）
2. 보내 ＋ 려고 → 보내려고（ボネリョゴ）（送ろうと）
3. （보내어 →）보내 ＋ 요 → 보내요（ボネヨ）（送ります）

「보내다」の使い方いろいろ

- 돈을 보내다（トヌル ボネダ）（お金を送る）
- 택배로 보내다（テクペロ ボネダ）（宅配で送る）
- 박수를 보내다（パクスルル ボネダ）（拍手を送る）
- 시간을 보내다（シガヌル ボネダ）（時間を過ごす）

20

動詞

Track 025

バックダ
바꾸다
変える、替える

タルン セッカルロ パックゴ シポヨ
다른 색깔로 바꾸고 싶어요 .
ほかの　色に　変えたいです。

POINT 韓国語にも自動詞と他動詞があります。「바꾸다」は他動詞で、「-을/를 바꾸다（～を変える）」のように目的語が必要。一方、自動詞の「바뀌다（変わる）」は、助詞「-이/가（～が）」をつけて、「자리가 바뀌다（席が変わる）」のように表現します。

活用形

1 바꾸 ＋ 겠어요 → 바꾸겠어요（パックゲッソヨ）
（変えます）

2 바꾸 ＋ 세요 → 바꾸세요（パックセヨ）
（変えてください）

3 (바꾸어→) 바꿔 ＋ 요 → 바꿔요（パックォヨ）
（変えます）

「바꾸다」の使い方いろいろ

- 자리를 바꾸다（チャリルル パックダ）（席を変える）
- 순서를 바꾸다（スンソルル パックダ）（順番を替える）
- 생각을 바꾸다（センガグル パックダ）（考えを変える）
- 달러로 바꾸다（タルロロ パックダ）（ドルに換える）

Chapter 1 / Chapter 2 / Chapter 3

ここでおさらい

1 3つの中から正しいと思うものを選びましょう。

(1) 友達はフランスに行きます。
친구는 프랑스에 (　　　　).
① 갔어요　② 가요　③ 가고 싶어요

(2) 富士山に登山しに行きたいです。
후지산에 등산하러 (　　　　) 싶어요 .
① 가다　② 가니까　③ 가고

(3) 雨が降ってほしいです。
비가 (　　　　) 좋겠어요 .
① 오니까　② 오면　③ 와서

(4) 明日、弟（妹）がソウルに来る予定です。
내일 동생이 서울로 (　　　　) 예정이에요 .
① 온　② 올　③ 오면서

(5) アイスクリームを冷蔵庫に入れました。
아이스크림을 냉장고에 (　　　　).
① 넣었어요　② 넣어요　③ 넣을까요

(6) 目薬を差すと治ると思います。
안약을 (　　　　) 나을 거예요 .
① 넣어　② 넣고　③ 넣으면

こたえ
(1) ②　(2) ③　(3) ②　(4) ②　(5) ①　(6) ③

(7) 汗を出すと熱が下がります。
땀을 (　　　　　) 열이 내려요 .
① 내면　② 내어　③ 내고

(8) 時間をつくって本屋に行ってみました。
시간을 (　　　　　) 책방에 가 봤어요 .
① 내면　② 내서　③ 내지만

(9) その本は買わないでください。
그 책은 (　　　　　) 마세요 .
① 사고　② 사지　③ 사면

(10) 高すぎて買えません。
너무 비싸서 (　　　　　) 수 없어요 .
① 사면　② 사고　③ 살

(11) ここではお弁当は売っていません。
여기서 도시락은 안 (　　　　　) .
① 팔았어요　② 팔면서　③ 팔아요

(12) コンビニで売っています。
편의점에서 (　　　　　) 있어요 .
① 팔고　② 팔면서　③ 팔아

こたえ
(7) ①　(8) ②　(9) ②　(10) ③　(11) ③　(12) ①

ここでおさらい

(13) 早く寝ると健康によいです。
일찍 (　　　　　) 건강에 좋아요 .
① 자고　② 자면　③ 자서

(14) 今日は遅く寝る予定です。
오늘은 늦게 (　　　　　) 예정이에요 .
① 잘　② 자고　③ 자는

(15) 警察署の前で交通事故が起きました。
경찰서 앞에서 교통사고가 (　　　　　) .
① 일어날 거예요　② 일어났어요　③ 일어나요

(16) 明日は遅く起きても大丈夫です。
내일은 늦게 (　　　　　) 괜찮아요 .
① 일어나도　② 일어나고　③ 일어나서

(17) 会議の資料を送ってください。
회의 자료를 (　　　　　) 주세요 .
① 보내고　② 보내면　③ 보내

(18) 宅配をどこに送ればいいですか?
택배를 어디로 (　　　　　) 돼요 ?
① 보내면　② 보내　③ 보내고

こたえ
(13) ②　(14) ①　(15) ②　(16) ①　(17) ③　(18) ①

(19) ほかのデザインに変えてください。
다른 디자인으로 (　　　　　) 주세요 .
① 바꾸고　② 바꿔　③ 바꾸면

(20) スマホを変えたいです。
스마트폰을 (　　　　　) 싶어요 .
① 바꾸고　② 바꿀　③ 바꾸는

(21) よく行きますが、会えませんでした。
자주 (　　　　　) 못 만났어요 .
① 가지만　② 가고　③ 가면

(22) 明日来てください。
내일 (　　　　　) 주세요 .
① 오고　② 와　③ 오면

(23) その花は買いませんでした。
그 꽃은 (　　　　　) 않았어요 .
① 사지　② 사서　③ 사고

(24) この服をたくさん売りたいです。
이 옷을 많이 (　　　　　) 싶어요 .
① 팔면서　② 팔러　③ 팔고

こたえ
(19) ②　(20) ①　(21) ①　(22) ②　(23) ①　(24) ③

Chapter 1
Chapter 2
Chapter 3

ここでおさらい

2 ( )に単語を活用して書き入れましょう。

(1) ソウルに一緒に行きたいです。
서울에 같이 ( ) 싶어요 .

hint ▸ 가다の活用形1＋고

(2) 一人で行っても大丈夫です。
혼자서 ( ) 괜찮아요 .

hint ▸ 가다の活用形3＋도

(3) いつ来ればいいですか?
언제 ( ) 돼요 ?

hint ▸ 오다の活用形2＋면

(4) 2時に来てください。
두 시에 ( ) 주세요 .

hint ▸ 오다の活用形3

(5) 書類をかばんに入れて会社に行きました。
서류를 가방에 ( ) 회사에 갔어요 .

hint ▸ 넣다の活用形1＋고

こたえ

(1) 가고 (2) 가도 (3) 오면 (4) 와 (5) 넣고

（6） 醤油を入れるといいです。
간장을 (　　　　) 돼요 .

hint ▸ 넣다の活用形2 + 면

（7） 今日はおしゃれをしてきました。
오늘은 멋을 (　　　　) 왔어요 .

hint ▸ 내다の活用形1 + 고

（8） 時間を少し出してください。
시간을 좀 (　　　　) 주세요 .

hint ▸ 내다の活用形3

（9） 少し高く買いました。
좀 비싸게 (　　　　) .

hint ▸ 사다の活用形3 + ㅆ어요

（10） 新しい自動車を買いたいです。
새 자동차를 (　　　　) 싶어요 .

hint ▸ 사다の活用形1 + 고

こたえ

（6）넣으면　（7）내고　（8）내　（9）샀어요　（10）사고

Chapter 1
Chapter 2
Chapter 3

ここでおさらい

(11) お餅を売っています。
떡을 (　　　　) 있어요 .

hint ▶ 팔다の活用形1 + 고

(12) とても安く売っています。
아주 값싸게 (　　　　).

hint ▶ 팔다の活用形3 + 요

(13) 早く寝たいです。
빨리 (　　　　) 싶어요 .

hint ▶ 자다の活用形1 + 고

(14) 遅く寝ると美容に悪いです。
늦게 (　　　　) 미용에 나빠요 .

hint ▶ 자다の活用形2 + 면

(15) 今日は遅く起きました。
오늘은 늦게 (　　　　).

hint ▶ 일어나다の活用形3 + ㅆ어요

こたえ

(11) 팔고　(12) 팔아요　(13) 자고　(14) 자면　(15) 일어났어요

(16) 遅く起きたので遅刻しました。
늦게 (　　　　　) 지각했어요 .

hint ▸ 일어나다の活用形3 + 서

(17) この書類を早く送ってください。
이 서류를 빨리 (　　　　　) 주세요 .

hint ▸ 보내다の活用形3

(18) メールは今日中に送ればいいです。
메일은 오늘 중에 (　　　　　) 돼요 .

hint ▸ 보내다の活用形2 + 면

(19) この眼鏡を変えたいです。
이 안경을 (　　　　　) 싶어요 .

hint ▸ 바꾸다の活用形1 + 고

(20) ほかの服に変えました。
다른 옷으로 (　　　　　).

hint ▸ 바꾸다の活用形3 + ㅆ어요

こたえ

(16) 일어나서　(17) 보내　(18) 보내면　(19) 바꾸고　(20) 바꿨어요

ここでトレーニング

1 次の文を日本語に訳しましょう。 Track 026

(1) 사랑하는 사람과 같이 여행을 갔어요 . 여행 : 旅行

(2) 친구들을 빨리 만나고 싶어요 . 빨리 : 早く

(3) 요즘도 선배들과 메일을 주고 받아요 . 선배 : 先輩

(4) 오늘은 많이 걸었어요 . 많이 : たくさん

(5) 달리는 것을 좋아해서 매주 달려요 . 매주 : 毎週

(6) 느낌을 솔직히 말해 주세요 . 느낌 : 感想、솔직히 : 正直に

(7) 자주 가지만 아직 못 가 봤어요 . 자주 : よく

(8) 기회가 있으면 놀러 오세요 . 기회 : 機会

(9) 점심값을 사장님이 내 주었어요 . 점심값 : 昼食代、사장님 : 社長

(10) 오늘은 몇 시쯤 잘 거예요 ? 몇 시 : 何時

こたえ

(1) 愛する人といっしょに旅行に行きました。 (2) 早く友だちに会いたいです。
(3) 最近も先輩とメールのやり取りをしています。 (4) 今日はたくさん歩きました。
(5) 走るのが好きで毎週走っています。 (6) 正直に感想を言ってください。
(7) よく行きますが、まだ行けませんでした。 (8) 機会があれば遊びに来てください。
(9) お昼代を社長が出してくれました。 (10) 今日は何時ごろ寝るつもりですか？

2 音声を参考に、次の文を韓国語に訳しましょう。 Track 027

(1) 明日、家族に会うつもりです。

(2) その答えは合っていますか？

(3) 弟にプレゼントをあげました。

(4) 今日も駅まで歩いて行きました。

(5) K-popについてたくさん話したいです。

(6) 釜山にも一度行ってみたいです。

(7) 日本に来たら連絡してください。

(8) 彼女に花を買ってあげました。

(9) 昨晩は遅く寝ました。

(10) コンビニでは野菜も売っていますか？

こたえ

(1) 내일 가족을 만날 예정이에요. (2) 그 답은 맞아요?
(3) 동생에게 선물을 줬어요. (4) 오늘도 역까지 걸어 갔어요.
(5) K-pop에 대해서 많이 이야기하고 싶어요. (6) 부산에도 한번 가 보고 싶어요.
(7) 일본에 오면 연락해 주세요. (8) 여친한테 꽃을 사 주었어요.
(9) 어젯밤에는 늦게 잤어요. (10) 편의점에서는 야채도 팔고 있어요?

21

動詞

Track 028

가르치다

カルチダ

教える

ソンセンニ　ミ　ムンポブル　カルチョヨ
선생님이 문법을 가르쳐요 .
先生が　文法を　教えます。

POINT

「가르치다」は知識を教えるときに使う表現で、住所や電話番号などの連絡先を教えるときには、「알리다」を使います。「가르치다」と発音が似ている単語に「가리키다（指し示す、指す）」があり、韓国人も間違えることがあります。

活用形

1 가르치 ＋ 지만 → 가르치지만（カルチジマン）
（教えるけれど）

2 가르치 ＋ 면 → 가르치면（カルチミョン）
（教えれば）

3 （가르치어→）가르쳐 ＋ 주세요 → 가르쳐 주세요（カルチョ ジュセヨ）
（教えてください）

「가르치다」の使い方いろいろ

- 영어를 가르치다（ヨンオルル カルチダ）（英語を教える）
- 열심히 가르치다（ヨルシミ カルチダ）（一生懸命教える）
- 학원에서 가르치다（ハグォネソ カルチダ）（塾で教える）
- 버릇을 가르치다（ポルスル カルチダ）（習慣をつけさせる）

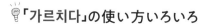

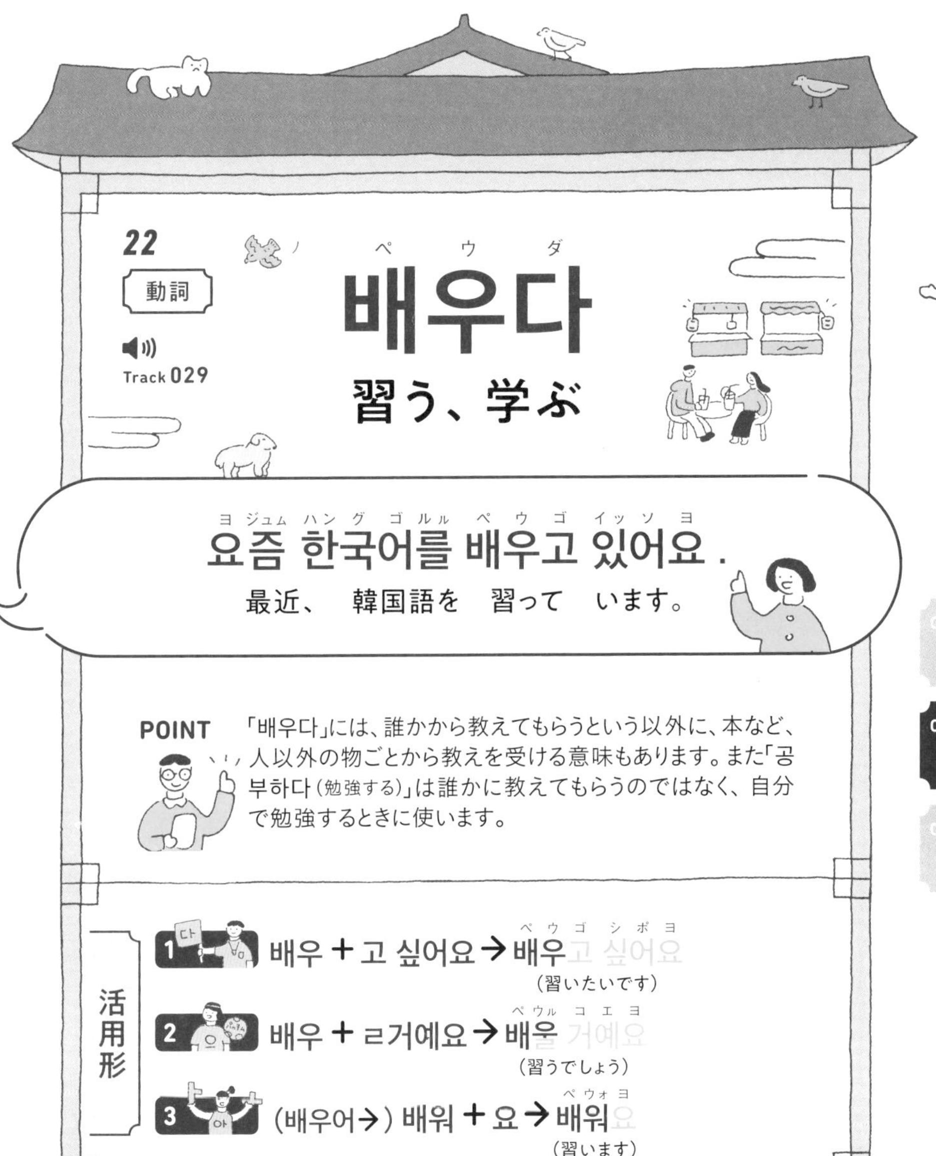

22
動詞
Track 029
ペ ウ ダ
배우다
習う、学ぶ
ヨジュム ハングゴルル ペウゴ イッソヨ
요즘 한국어를 배우고 있어요 .
最近、 韓国語を 習って います。
POINT
「배우다」には、誰かから教えてもらうという以外に、本など、人以外の物ごとから教えを受ける意味もあります。また「공부하다(勉強する)」は誰かに教えてもらうのではなく、自分で勉強するときに使います。
活用形
1 배우 ＋고 싶어요 → 배우고 싶어요（ペウゴ シポヨ）
（習いたいです）
2 배우 ＋ㄹ거예요 → 배울 거예요（ペウル コエヨ）
（習うでしょう）
3 （배우어→）배워 ＋요 → 배워요（ペウォヨ）
（習います）

「배우다」の使い方いろいろ

- 말을 배우다（マルル ペウダ）（言葉を習う）
- 운전을 배우다（ウンジョヌル ペウダ）（運転を習う）
- 책에서 배우다（チェゲソ ペウダ）（本から学ぶ）
- 술을 배우다（スルル ペウダ）（お酒を覚える）

23

動詞

Track 030

타다

乗る

버스를 타 보고 싶어요.

バスに　乗って　みたいです。

POINT　「타다」は「버스를 타다（バスに乗る）」「엘리베이터를 타다（エレベーターに乗る）」のように、乗り物の上や中に身を置いて移動する意味です。ただし、乗り物ではない体重計に乗るというときは、「몸무게를 재다（体重を測る）」となります。

活用形

1 타 ＋ 지 않아요 → 타지 않아요（乗りません）

2 타 ＋ ㄹ수 있어요 → 탈 수 있어요（乗ることができます）

3 （타아→）타 ＋ 요 → 타요（乗ります）

「타다」の使い方いろいろ

- 택시를 타다（タクシーに乗る）
- 스키를 타다（スキーに乗る→スキーをする）
- 엘리베이터를 타다（エレベーターに乗る）
- 산을 타다（山に登る）

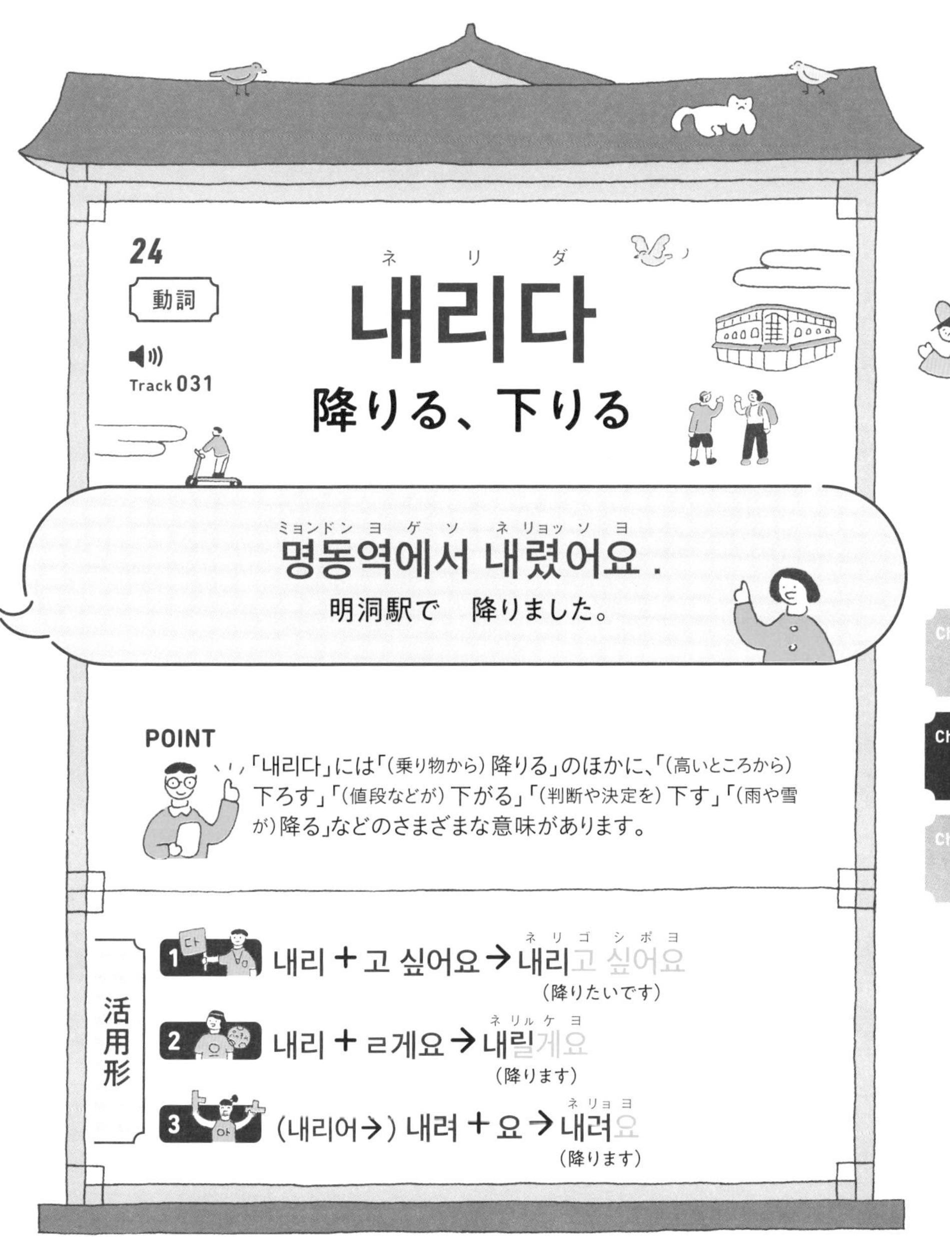

24

動詞

Track 031

ネ リ ダ

내리다

降りる、下りる

ミョンドン ヨ ゲ ソ　ネリョッ ソ ヨ
명동역에서 내렸어요.
明洞駅で　降りました。

POINT

「내리다」には「(乗り物から) 降りる」のほかに、「(高いところから) 下ろす」「(値段などが) 下がる」「(判断や決定を) 下す」「(雨や雪が) 降る」などのさまざまな意味があります。

活用形

1 내리 ＋고 싶어요 → 내리고 싶어요（ネリゴ シポヨ）
(降りたいです)

2 내리 ＋ㄹ게요 → 내릴게요（ネリルケ ヨ）
(降ります)

3 (내리어→) 내려 ＋요 → 내려요（ネリョヨ）
(降ります)

「내리다」の使い方いろいろ

- 버스에서 내리다（ボスエソ ネリダ）(バスから降りる)
- 비가 내리다（ピガ ネリダ）(雨が降る)
- 기온이 내리다（キオニ ネリダ）(気温が下がる)
- 값이 내리다（カプシ ネリダ）(値段が下がる)

25

動詞

Track 032

시작하다（シジャカダ）

始める、立ち上げる

요즘 운동을 시작했어요 .（ヨジュム ウンドンウル シジャケッソヨ）

最近、　運動を　始めました。

POINT 「시작」は「スタート、始まり（始作）」という漢字語です。似た意味の「시작되다（始まる）」は自動詞で、自分で始めるというよりも、「새해가 시작되다（新年が始まる）」のように、自然に始まっているニュアンスです。

活用形

시작하 ＋ 고 → 시작하고（シジャカゴ）（始めて）

시작하 ＋ ㄴ → 시작한（シジャカン）（始めた～）

시작해 ＋ 주세요 → 시작해 주세요（シジャケ ジュセヨ）（始めてください）

「시작하다」の使い方いろいろ

- 수업을 시작하다（スオブル シジャカダ）（授業を始める）
- 회의를 시작하다（フェイルル シジャカダ）（会議を始める）
- 하루를 시작하다（ハルルル シジャカダ）（1日を始める）
- 새로 시작하다（セロ シジャカダ）（新しく始める）

26

動詞

Track 033

마치다
（マチダ）

終える、終わる

숙제를 다 마쳤어요 .
（スクチェルル タ マチョッソヨ）

宿題を　全部　終えました。

POINT  同じような意味を持つ単語に「끝내다」があります。「끝내다」も助詞「-을/를」がつく他動詞で、「마치다」より話し手が意図的に終わらせるニュアンスが強いです。「숙제를 다 끝내다」だと、「宿題を全部終わらせました」となります。

活用形

1 마치 ＋고→마치고（マチゴ）
（終えて）

2 마치 ＋니까→마치니까（マチニッカ）
（終わるから）

3 (마치어→) 마쳐 ＋도→마쳐도（マチョド）
（終わっても）

Chapter 1

Chapter 2

Chapter 3

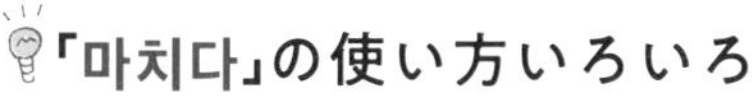

「마치다」の使い方いろいろ

- 일을 마치다（イルル マチダ）（仕事を終える）
- 회의를 마치다（フェイルル マチダ）（会議を終える）
- 청소를 마치다（チョンソルル マチダ）（掃除を終える）
- 저녁에 마치다（チョニョゲ マチダ）（夕方に終わる）

27

動詞

Track 034

걸리다

コルリダ

かかる

시간이 많이 걸렸어요 .

（シガニ マニ コルリョッソヨ）

時間が　たくさん　かかりました。

POINT 同じような意味を持つ単語に「들다」がありますが、使い分けが必要です。「何か物を引っ掛ける」「労力・時間などがかかる」という意味は共通ですが、「お金がかかる」のように費用などがかかるときは、「돈이 들다」と言います。

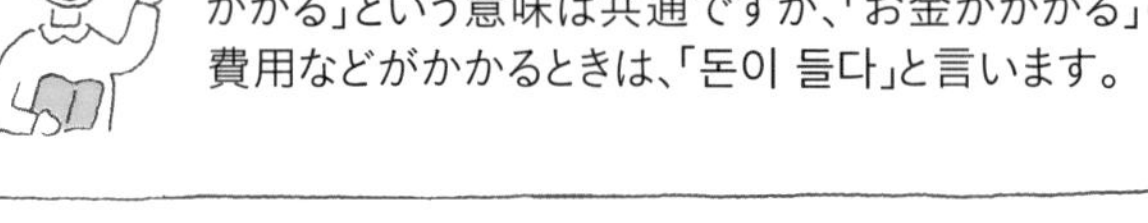

活用形

1 걸리 ＋는 → 걸리는（コルリヌン）
（かかる〜）

2 걸리 ＋면 → 걸리면（コルリミョン）
（かかれば）

3 （걸리어→）걸려 ＋서 → 걸려서（コルリョソ）
（かかって）

「걸리다」の使い方いろいろ

- 시간이 걸리다（シガニ コルリダ）（時間がかかる）
- 감기에 걸리다（カムギエ コルリダ）（風邪にかかる→風邪を引く）
- 경찰에 걸리다（キョンチャレ コルリダ）（警察につかまる）
- 엔진이 걸리다（エンジニ コルリダ）（エンジンがかかる）

28

動詞

Track 035

다니다

通う、通る

영어를 배우러 다녀요.

英語を 習いに 通います。

POINT 「다니다」には、「行き来する、通る」「通勤する、通学する、勤める」「寄る、立ち寄る、歩き回る」などの意味があります。「가다」は移動するときに使う単語ですが、「다니다」は、定期的、頻繁に行き来する場合に使います。

活用形

1 다니 ＋는데 → 다니는데（通うけど）

2 다니 ＋려고 → 다니려고（通おうと）

3 (다니어→) 다녀 ＋야 해요 → 다녀야 해요（通わなければなりません）

Chapter 1

Chapter 2

Chapter 3

「다니다」の使い方いろいろ

- 대학에 다니다（大学に通う）
- 교회에 다니다（教会に行く）
- 여행을 다니다（旅行に行く）
- 자동차가 다니다（車が通る）

29

動詞

Track 036

쓰다

ツスダ

書く、使う

ピョンジルル ツスゴ シポヨ
편지를 쓰고 싶어요.
手紙を　書きたいです。

POINT 「쓰다」には「書く」のほかに、「使う」「かぶる」など、さまざまな意味があります。また、形容詞として使うときは「苦い」になります。「쓰다」は으変則なので、活用形２のときは「쓰」、活用形３のときは「써」になります。

活用形　으変則

1　쓰 ＋ 고 싶어요 → 쓰고 싶어요（ツスゴ シポヨ）
（書きたいです）

2　쓰 ＋ ㄹ 수 있어요 → 쓸 수 있어요（ツスル ス イッソヨ）
（書くことができます）

3　（쓰어→）써 ＋ 서 → 써서（ツソソ）
（書いて）

「쓰다」の使い方いろいろ

- 글씨를 쓰다（クルッシルル ツスダ）（字を書く）
- 일기를 쓰다（イルギルル ツスダ）（日記をつける）
- 돈을 쓰다（トヌル ツスダ）（お金を使う）
- 모자를 쓰다（モジャルル ツスダ）（帽子をかぶる）

30

動詞

Track 037

읽다（イクタ）

読む

소설을 읽어요 .（ソソルル イルゴヨ）

小説を　読んでいます。

POINT　「읽다」には、「読む、読書する、朗読する」「（抽象的なものを）読み取る、解読する」などの意味があります。ただし、一般的に新聞や雑誌などを読むときは、「읽다」ではなく、「보다（見る）」を使います。

活用形

1 읽＋지 못해요→읽지 못해요（イクチ モテヨ）
（読めないです）

2 읽으＋ㄹ게요→읽을게요（イルグルケヨ）
（読みますね）

3 읽어＋도→읽어도（イルゴド）
（読んでも）

「읽다」の使い方いろいろ

- 책을 읽다（チェグル イクタ）（本を読む）
- 글자를 읽다（クルチャルル イクタ）（字を読む）
- 악보를 읽다（アクボルル イクタ）（楽譜を読む）
- 생각을 읽다（センガグル イクタ）（考えを読む）

ここでおさらい

1 3つの中から正しいと思うものを選びましょう。

(1) 韓国語を教えてください。
한국어를 좀 (　　　　) 주세요 .
① 가르쳐　② 가르치고　③ 가르치면

(2) ピアノを教えています。
피아노를 (　　　　) 있어요 .
① 가르치면　② 가르쳐　③ 가르치고

(3) 歌を習いたいです。
노래를 (　　　　) 싶어요 .
① 배워　② 배우고　③ 배우는

(4) 幼いとき、テコンドーを習いました。
어릴 때 태권도를 (　　　　) .
① 배웠어요　② 배우고 있어요　③ 배워요

(5) 近いです。 タクシーに乗らないでください。
가까워요 . 택시를 (　　　　) 마세요 .
① 타고　② 타면　③ 타지

(6) ロケットに乗って月の国に行ってみたいです。
로켓을 (　　　　) 달나라에 가 보고 싶어요 .
① 타면　② 타고　③ 타서

こたえ
(1) ①　(2) ③　(3) ②　(4) ①　(5) ③　(6) ②

(7) 次の駅で降ります。
다음 역에서 (　　　　　).

① 내려요　　② 내렸어요　　③ 내리고 싶어요

(8) 郵便局の前で降りればいいです。
우체국 앞에서 (　　　　　) 돼요 .

① 내리면　　② 내리고　　③ 내려

(9) 会議は何時に始まりますか？
회의는 몇 시에 (　　　　　) ?

① 시작해　　② 시작해요　　③ 시작하니까

(10) 今始めればいいです。
지금 (　　　　　) 돼요 .

① 시작하고　　② 시작해서　　③ 시작하면

(11) 仕事を終わらせて行きました。
일을 (　　　　　) 갔어요 .

① 마쳐　　② 마치면　　③ 마치고

(12) 早く終えたいです。
빨리 (　　　　　) 싶어요 .

① 마치면　　② 마치고　　③ 마쳐

こたえ
(7) ①　(8) ①　(9) ②　(10) ③　(11) ③　(12) ②

Chapter 1
Chapter 2
Chapter 3

ここでおさらい

(13) 時間はどのくらいかかりますか?
시간은 얼마쯤 (　　　　　) ?

① 걸려요　② 걸렸어요　③ 걸리지 않아요

(14) 風邪を引かないでください。
감기에 (　　　　　) 마세요 .

① 걸리고　② 걸리지　③ 걸리면

(15) 最近、会社に勤めています。
요즘 회사에 (　　　　　) 있어요 .

① 다니고　② 다니면　③ 다녀

(16) ダンスを習いに行っています。
댄스를 배우러 (　　　　　) .

① 다녔어요　② 다녀요　③ 다니고

(17) 手紙を書いて送りました。
편지를 (　　　　　) 보냈어요 .

① 쓰면　② 쓰고　③ 써서

(18) 毎日、日記を書いています。
매일 일기를 (　　　　　) 있어요 .

① 쓰면　② 쓰고　③ 써서

こたえ
(13) ①　(14) ②　(15) ①　(16) ②　(17) ③　(18) ②

(19) 小説をたくさん読みました。
소설을 많이 (　　　　　).

① 읽어요　② 읽었어요　③ 읽고 싶어요

(20) この本は読んでもよくわかりません。
이 책은 (　　　　　) 잘 모르겠어요 .

① 읽어도　② 읽으면　③ 읽어

(21) 外国で日本語を教えたいです。
외국에서 일본어를 (　　　　　) 싶어요 .

① 가르치고　② 가르치면　③ 가르치는

(22) 英語を習いに塾に行きました。
영어를 (　　　　　) 학원에 갔어요 .

① 배우면　② 배우러　③ 배우니까

(23) 空港には電車に乗って行きました。
공항에는 전철을 (　　　　　) 갔어요 .

① 타면　② 타서　③ 타고

(24) 明洞駅で降りてください。
명동역에서 (　　　　　).

① 내려요　② 내렸어요　③ 내리세요

こたえ

(19) ②　(20) ①　(21) ①　(22) ②　(23) ③　(24) ③

ここでおさらい

2 ( )に単語を活用して書き入れましょう。

(1) 韓国語をちょっと教えてください。
한국말을 좀 ( ) 주세요 .

hint ▸ 가르치다の活用形3

(2) アメリカで日本語を教えています。
미국에서 일본어를 ( ) 있어요 .

hint ▸ 가르치다の活用形1 + 고

(3) 韓国料理を習いたいです。
한국요리를 ( ) 싶어요 .

hint ▸ 배우다の活用形1 + 고

(4) 文法を学べば会話もうまくできます。
문법을 ( ) 회화도 잘할 수 있어요 .

hint ▸ 배우다の活用形2 + 면

(5) タクシーはここで乗ればいいです。
택시는 여기서 ( ) 돼요 .

hint ▸ 타다の活用形2 + 면

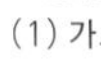

こたえ
(1) 가르쳐 (2) 가르치고 (3) 배우고 (4) 배우면 (5) 타면

(6) シャトルバスはここで乗れます。
셔틀버스는 여기서 (　　　　) 수 있어요 .

hint ▸ 타다の活用形2 + ㄹ

(7) あそこで降ろしてください。
저기서 (　　　　) 주세요 .

hint ▸ 내리다の活用形3

(8) ソウル駅で降りてもいいですか？
서울역에서 (　　　　) 돼요 ?

hint ▸ 내리다の活用形3 + 도

(9) 明日から始まっている映画です。
내일부터 (　　　　) 영화예요 .

hint ▸ 시작하다の活用形1 + 는

(10) 最近株の勉強を始めました。
요즘 주식 공부를 (　　　　).

hint ▸ 시작하다の活用形3 + ㅆ어요

Chapter 1
Chapter 2
Chapter 3

こたえ
(6) 탈　(7) 내려　(8) 내려도　(9) 시작하는　(10) 시작했어요

ここでおさらい

(11) 授業が終わったあと、 会いましょう。
수업을 (　　　　) 후에 만나요 .

hint ▸ 마치다の活用形2 + ㄴ

(12) 今日は仕事を早く終わらせることができません。
오늘은 일을 빨리 (　　　　) 못 해요 .

hint ▸ 마치다の活用形1 + 지

(13) 時間が思ったよりかかりました。
시간이 생각보다 많이 (　　　　).

hint ▸ 걸리다の活用形3 + ㅆ어요

(14) 電話がうまくかかりません。
전화가 잘 안 (　　　　).

hint ▸ 걸리다の活用形3 + 요

(15) 毎日ピアノ教室に通っています。
매일 피아노학원에 (　　　　) 있어요 .

hint ▸ 다니다の活用形1 + 고

こたえ

(11) 마친　(12) 마치지　(13) 걸렸어요　(14) 걸려요　(15) 다니고

(16) その美容室にはよく通っていました。
그 미용실에는 자주 (　　　　).

hint ▸ 다니다の活用形3 + ㅆ어요

(17) ファンレターを書いて送りました。
팬레터를 (　　　　) 보냈어요 .

hint ▸ 쓰다の活用形3 + 서

(18) 日記を書くと韓国語の実力が伸びます。
일기를 (　　　　) 한국어 실력이 늘어요 .

hint ▸ 쓰다の活用形2 + 면

(19) この小説を一度読んでみてください。
이 소설을 한번 (　　　　) 보세요 .

hint ▸ 읽다の活用形3

(20) 最近、 歴史の本を読んでいます。
요즘 역사책을 (　　　　) 있어요 .

hint ▸ 읽다の活用形1 + 고

こたえ

(16) 다녔어요　(17) 써서　(18) 쓰면　(19) 읽어　(20) 읽고

Chapter 1
Chapter 2
Chapter 3

31

動詞

Track 038

ポ　ダ

보다

見る

オジェ　ム　ジ　ゲルル　プヮッソ　ヨ

어제 무지개를 봤어요.

昨日、　虹を　見ました。

POINT　「보다」は、「시험을 보다（試験を受ける）」「점을 보다（占いをする）」「손해를 보다（損をする）」「장을 보다（買い物をする）」など、さまざまな意味で使われる万能動詞。日本語同様、ほかの動詞と結びつき「～してみる」という使い方もできます。

活用形

1　보 ＋ 는 → 보는（ポヌン）
（見ている～）

2　보 ＋ 면 → 보면（ポミョン）
（見ると）

3　（보아→）봐 ＋ 요 → 봐요（プヮヨ）
（見ます）

「보다」の使い方いろいろ

- 사진을 보다（サジヌル ポダ）（写真を見る）
- 신문을 보다（シンムヌル ポダ）（新聞を読む）
- 영화를 보다（ヨンフヮルル ポダ）（映画を見る）
- 집을 보다（チブル ポダ）（家を見る→留守番をする）

32

動詞

Track 039

듣다（トゥッタ）

聞く

매일 한국 노래를 들어요.（メイル ハングン ノレルル トゥロヨ）

毎日、韓国の歌を聞きます。

POINT　「듣다」には、「빗소리를 듣다（雨の音を聞く）」のように音や声を耳で感じとる、「음악을 듣다（音楽を聞く）」のように耳を傾けるなどの意味があります。ただし「名前を聞く」のように、答えを求めて尋ねる場合は「묻다（問う、尋ねる）」を使います。

ㄷ変則

活用形

1 듣＋지만→듣지만（トゥッチマン）
（聞きたいけど）

2 들으＋세요→들으세요（トゥルセヨ）
（聞いてください）

3 들어＋도→들어도（トゥロド）
（聞いても）

「듣다」の使い方いろいろ

- 이야기를 듣다（イヤギルル トゥッタ）（話を聞く）
- 소문을 듣다（ソムヌル トゥッタ）（噂を聞く）
- 칭찬을 듣다（チンチャヌル トゥッタ）（称賛を聞く→ほめられる）
- 욕을 듣다（ヨグル トゥッタ）（悪口を聞く→悪口を言われる）

33

動詞

Track 040

좋아하다（チョアハダ）

好きだ

딸기를 좋아해요.（ッタルギルル チョアヘヨ）

イチゴが　好きです。

POINT

日本語の「好きだ」は形容動詞ですが、同じ意味の韓国語「좋아하다」は動詞です。助詞は日本語と使い方が違って、「-가/이（～が）」ではなく、「-을/를（～を）」を使います。

活用形

1 좋아하 ＋ 는 → 좋아하는（チョアハヌン）
（好きな～）

2 좋아하 ＋ 니까 → 좋아하니까（チョアハニッカ）
（好きだから）

3 좋아해 ＋ ㅆ어요 → 좋아했어요（チョアヘッソヨ）
（好きでした）

「좋아하다」の使い方いろいろ

- 친구를 좋아하다（チングルル チョアハダ）（友達が好きだ）
- 드라마를 좋아하다（トゥラマルル チョアハダ）（ドラマが好きだ）
- 비빔밥을 좋아하다（ピビンパブル チョアハダ）（ビビンバが好きだ）
- 축구를 좋아하다（チュックルル チョアハダ）（サッカーが好きだ）

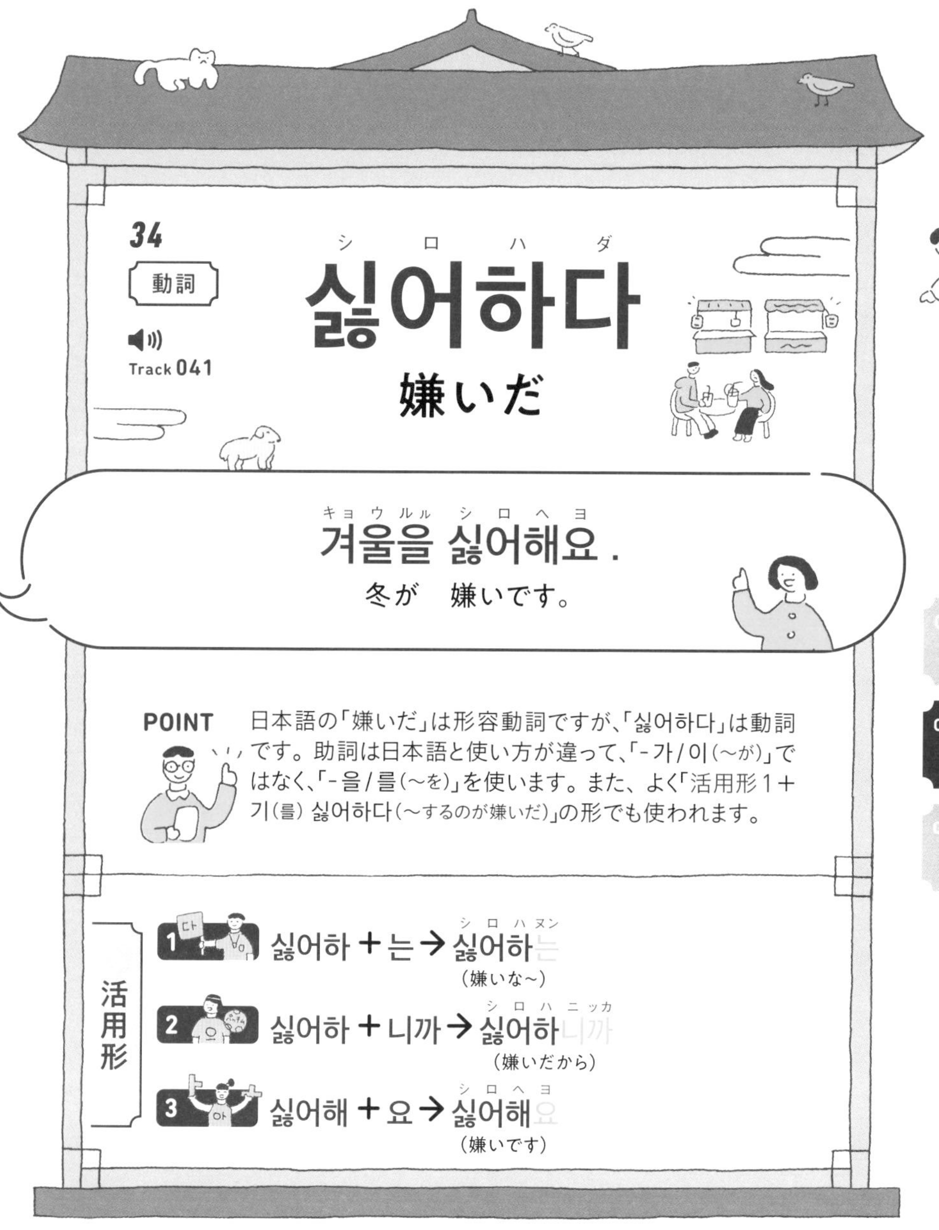

34

動詞

Track 041

シ ロ ハ ダ

싫어하다

嫌いだ

キョウルル シロヘヨ

겨울을 싫어해요.

冬が　嫌いです。

POINT　日本語の「嫌いだ」は形容動詞ですが、「싫어하다」は動詞です。助詞は日本語と使い方が違って、「-가/이(～が)」ではなく、「-을/를(～を)」を使います。また、よく「活用形1＋기(를) 싫어하다(～するのが嫌いだ)」の形でも使われます。

活用形

1 싫어하 ＋ 는 → 싫어하는（シロハヌン）
(嫌いな～)

2 싫어하 ＋ 니까 → 싫어하니까（シロハニッカ）
(嫌いだから)

3 싫어해 ＋ 요 → 싫어해요（シロヘヨ）
(嫌いです)

「싫어하다」の使い方いろいろ

- 여름을 싫어하다（ヨルムル シロハダ）(夏が嫌いだ)
- 술을 싫어하다（スルル シロハダ）(お酒が嫌いだ)
- 돼지고기를 싫어하다（トゥエジゴギルル シロハダ）(豚肉が嫌いだ)
- 공부하기 싫어하다（コンブハギ シロハダ）(勉強するのが嫌いだ)

35

動詞

Track 042

입다（イプタ）

着る、はく

양복을 입었어요 .（ヤンボグル イボッソヨ）

スーツを　着ています。

POINT 「입다」には「着る」だけでなく、「ズボンやスカートをはく」という意味もありますが、靴下や靴などをはくは「신다」です。また、「은혜를 입다（恩に着る）」のように抽象的な表現もします。ほかに、「受ける、負う」などの意味もあります。

活用形

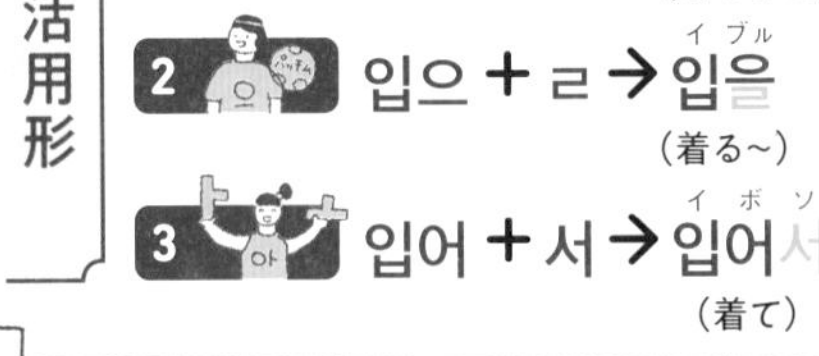

1 입＋지만→입지만（イプチマン）（着るけど）

2 입으＋ㄹ→입을（イブル）（着る～）

3 입어＋서→입어서（イボソ）（着て）

「입다」の使い方いろいろ

- 옷을 입다（オスル イプタ）（服を着る）
- 치마를 입다（チマルル イプタ）（スカートをはく）
- 청바지를 입다（チョンバジルル イプタ）（ジーパンをはく）
- 손해를 입다（ソネルル イプタ）（損を被る）

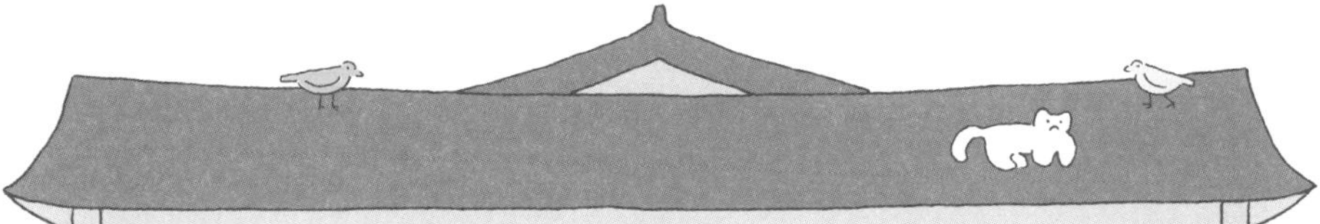

36

動詞

Track 043

벗다（ポッタ）

脱ぐ

신발을 벗으세요.（シンバルル ポスセヨ）

靴を　脱いでください。

POINT

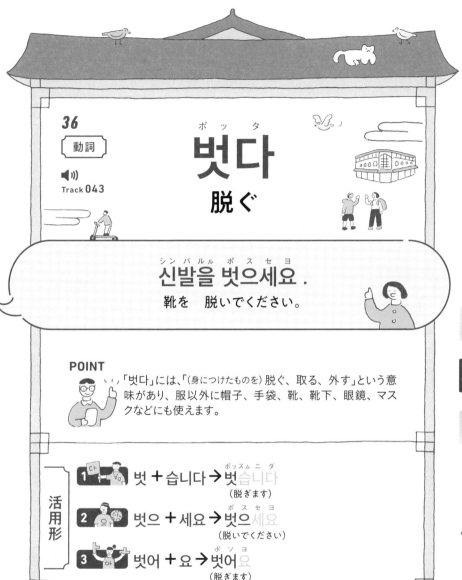

「벗다」には、「(身につけたものを) 脱ぐ、取る、外す」という意味があり、服以外に帽子、手袋、靴、靴下、眼鏡、マスクなどにも使えます。

活用形

1 벗 ＋습니다 → 벗습니다（ポッスムニダ）
（脱ぎます）

2 벗으 ＋세요 → 벗으세요（ポスセヨ）
（脱いでください）

3 벗어 ＋요 → 벗어요（ポソヨ）
（脱ぎます）

「벗다」の使い方いろいろ

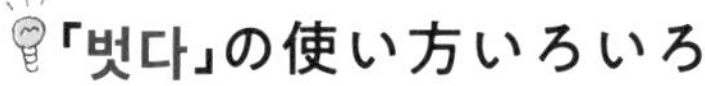

- 옷을 벗다（オスル ポッタ）（服を脱ぐ）
- 모자를 벗다（モジャルル ポッタ）（帽子を取る）
- 양말을 벗다（ヤンマルル ポッタ）（靴下を脱ぐ）
- 안경을 벗다（アンギョンウル ポッタ）（眼鏡を外す）

37

動詞

Track 044

찾다（チャッタ）

探す、見つける

열쇠를 찾았어요 .（ヨルスェルル チャジャッソヨ）

カギを　見つけました。

POINT

「찾다」には「探す」と「見つける」の両方の意味があるので、前後の文脈で意味を判断する必要があります。ほかには「(お金を)引き出す」「(辞書を)引く」「訪ねる」「探し求める」などの意味もあります。

活用形

1 찾 + 죠 → 찾죠（チャッチョ）
（探しますよ）

2 찾으 + ㄹ래요 → 찾을래요（チャジュルレヨ）
（探します）

3 찾아 + 주세요 → 찾아 주세요（チャジャ ジュセヨ）
（探してください）

「찾다」の使い方いろいろ

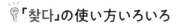

- 사전을 찾다（サジョヌル チャッタ）（辞書を引く）
- 돈을 찾다（トヌル チャッタ）（お金を引き出す）
- 지갑을 찾다（チガブル チャッタ）（財布を探す/見つける）
- 공원을 찾다（コンウォヌル チャッタ）（公園を訪れる）

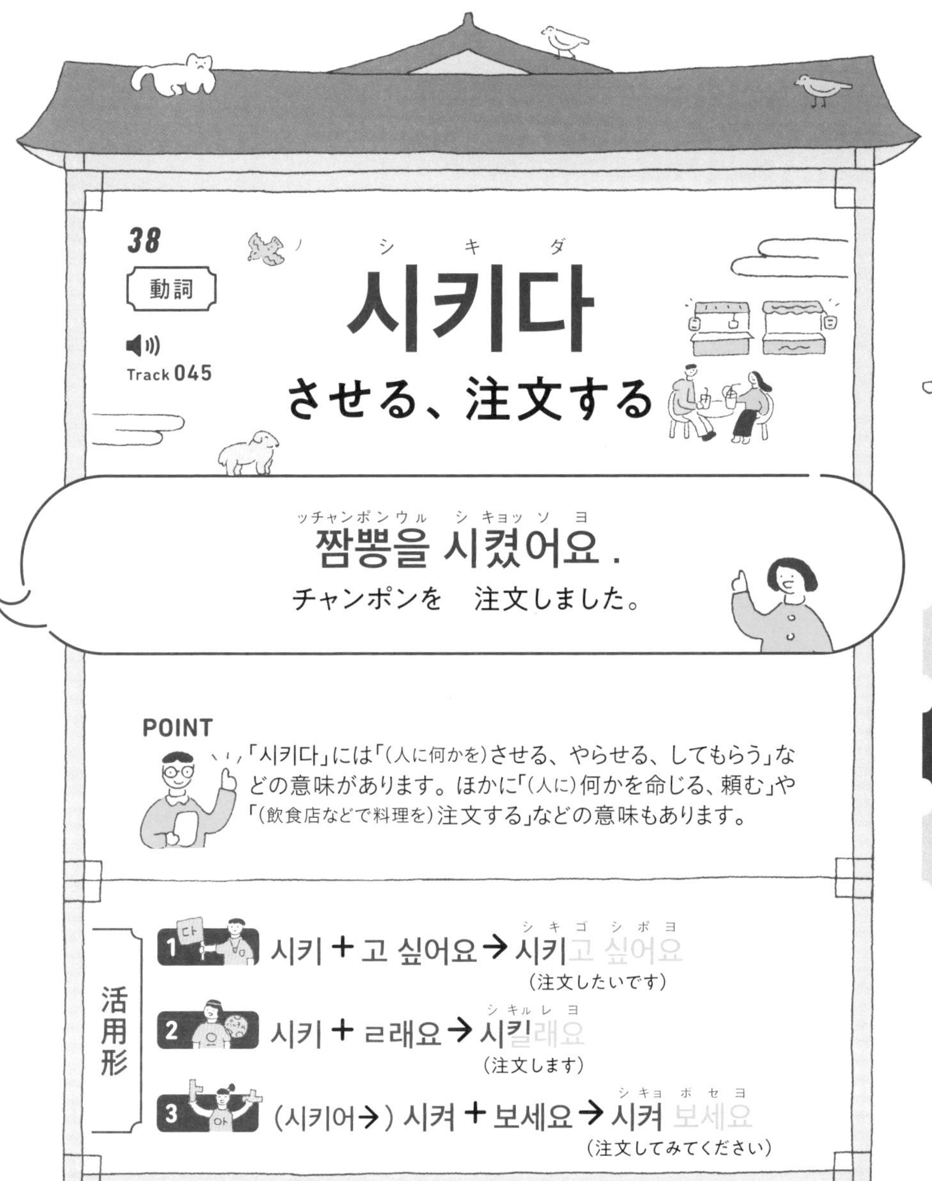

38

動詞

Track 045

시키다

させる、注文する

짬뽕을 시켰어요.

チャンポンを　注文しました。

POINT

「시키다」には「(人に何かを)させる、やらせる、してもらう」などの意味があります。ほかに「(人に)何かを命じる、頼む」や「(飲食店などで料理を)注文する」などの意味もあります。

活用形

1. 시키 + 고 싶어요 → 시키고 싶어요（注文したいです）
2. 시키 + ㄹ래요 → 시킬래요（注文します）
3. (시키어→) 시켜 + 보세요 → 시켜 보세요（注文してみてください）

「시키다」の使い方いろいろ

- 음식을 시키다（料理を注文する）
- 일을 시키다（仕事をさせる）
- 공부를 시키다（勉強させる）
- 운동을 시키다（運動をさせる）

39

動詞

Track 046

열다（ヨルダ）

開ける、開く

창문을 열어 주세요.（チャムヌル ヨロ ジュセヨ）
窓を　開けて　ください。

POINT 「열다」は何かを「開ける、切り開く、開催する」などの意味があります。ただし、「책을 펴다（本を開く）」「입을 벌리다（口を開ける）」「눈을 뜨다（目を開ける）」「구멍을 뚫다（穴を開ける）」などは、別の単語を使います。

ㄹ語幹

活用形

1. 열 ＋고 싶어요 → 열고 싶어요（ヨルゴ シポヨ）
（開けたいです）
2. 열 ＋수 있어요 → 열 수 있어요（ヨル ス イッソヨ）
（開くことができます）
3. 열어 ＋도 돼요 → 열어도 돼요（ヨロドドゥェヨ）
（開けてもいいですか）

「열다」の使い方いろいろ

- 금고를 열다（クムゴルル ヨルダ）（金庫を開ける）
- 뚜껑을 열다（ットゥッコンウル ヨルダ）（ふたを開ける）
- 회의를 열다（フェイルル ヨルダ）（会議を開く）
- 마음을 열다（マウムル ヨルダ）（心を開く）

40

動詞

Track 047

タ ッ タ

닫다

閉める、閉じる

パン ム ヌル タ ダッ ソ ヨ

방문을 닫았어요 .

部屋のドアを　閉めました。

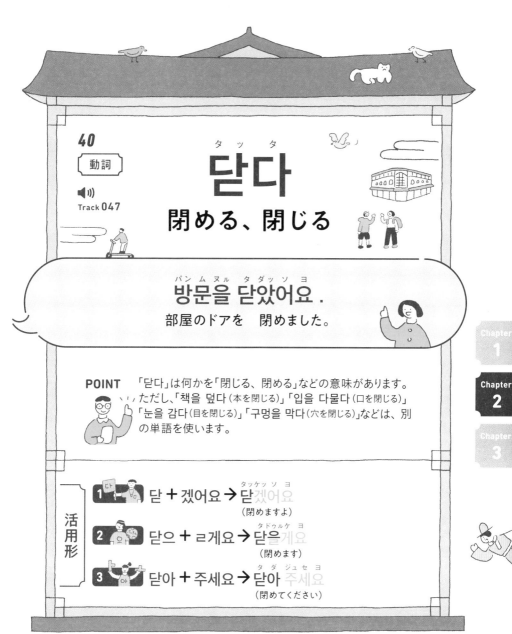

POINT 「닫다」は何かを「閉じる、閉める」などの意味があります。ただし、「책을 덮다(本を閉じる)」「입을 다물다(口を閉じる)」「눈을 감다(目を閉じる)」「구멍을 막다(穴を閉じる)」などは、別の単語を使います。

活用形

1 닫 ＋ 겠어요 → 닫겠어요（タッケッ ソ ヨ）
（閉めますよ）

2 닫으 ＋ ㄹ게요 → 닫을게요（タドゥルケ ヨ）
（閉めます）

3 닫아 ＋ 주세요 → 닫아 주세요（タ ダ ジュセ ヨ）
（閉めてください）

「닫다」の使い方いろいろ

- 창문을 닫다（チャ ム ヌル タッ タ）(窓を閉める)
- 가게를 닫다（カ ゲ ルル タッ タ）(店を閉める)
- 뚜껑을 닫다（ットゥッコンウル タッ タ）(ふたを閉める)
- 마음을 닫다（マ ウ ムル タッ タ）(心を閉じる)

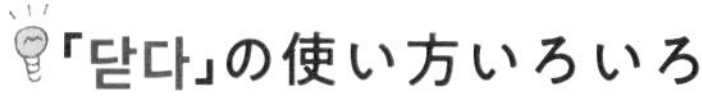

ここでおさらい

1 3つの中から正しいと思うものを選びましょう。

(1) このドラマはまだ見ている途中です。
이 드라마는 아직 (　　　　) 중이에요 .

① 보고　② 보면　③ 보는

(2) 映画を見ると勉強になります。
영화를 (　　　　) 공부가 돼요 .

① 보면　② 보고　③ 봐서

(3) この歌を聞いてみてください。
이 노래를 (　　　　) 보세요 .

① 듣고　② 들어　③ 들으면

(4) ラジオを聞いています。
라디오를 (　　　　) 있어요 .

① 듣고　② 듣는　③ 들어

(5) 子どものときは野球が好きでした。
어릴 때는 야구를 (　　　　).

① 좋아해요　② 좋아했어요　③ 좋아하니까요

(6) チャメ（マクワウリ）は好きなのでよく食べます。
참외는 (　　　　) 자주 먹어요 .

① 좋아하면　② 좋아하고　③ 좋아하니까

こたえ
(1) ③　(2) ①　(3) ②　(4) ①　(5) ②　(6) ③

(7) 薬は嫌いでも飲まなければいけません。
약은 (　　　　) 먹어야 돼요 .

① 싫어하면　② 싫어하는　③ 싫어해도

(8) 私は嫌いな食べ物がありません。
저는 (　　　　) 음식이 없어요 .

① 싫어하는　② 싫어해서　③ 싫어하여

(9) 制服を着て学校に行きました。
교복을 (　　　　) 학교에 갔어요 .

① 입고　② 입은　③ 입어

(10) この服を一度着てみてください。
이 옷을 한번 (　　　　) 보세요 .

① 입으면　② 입고　③ 입어

(11) 暑ければ服を脱いでもいいです。
더우면 옷을 (　　　　) 돼요 .

① 벗으면　② 벗어도　③ 벗고

(12) ここでは靴を脱がなければいけません。
여기서는 신발을 (　　　　) 돼요 .

① 벗으면　② 벗어야　③ 벗으니까

こたえ
(7) ③　(8) ①　(9) ①　(10) ③　(11) ②　(12) ②

ここでおさらい

(13) 辞書を引きながら勉強します。
사전을 (　　　　) 공부해요 .

① 찾으니까　② 찾으면　③ 찾으면서

(14) 単語を調べています。
단어를 (　　　　) 있어요 .

① 찾고　② 찾아　③ 찾는

(15) お昼はチャジャン麺の出前をとります。
점심은 짜장면을 (　　　　) 먹어요 .

① 시키고　② 시켜　③ 시키니까

(16) 難しいことは頼まないつもりです。
어려운 일은 안 (　　　　).

① 시켰어요　② 시켜요　③ 시킬 거예요

(17) 部屋のドアを開けました。
방문을 (　　　　).

① 열어요　② 열었어요　③ 열 거예요

(18) 箱を開けないでください。
상자를 (　　　　) 마세요 .

① 열고　② 여니까　③ 열지

こたえ
(13) ③　(14) ①　(15) ②　(16) ③　(17) ②　(18) ③

(19) 窓を閉めてください。
창문을 (　　　　　) 주세요 .

① 닫아　　② 닫으면　　③ 닫고

(20) 今日、薬局はやっていません(門を閉めました)。
오늘 약국은 문을 (　　　　　) .

① 닫아요　　② 닫았어요　　③ 닫아 보세요

(21) カギを探してください。
열쇠를 (　　　　　) 주세요 .

① 찾아　　② 찾은　　③ 찾고

(22) 韓国の映画が見たいです。
한국 영화를 (　　　　　) 싶어요 .

① 보면　　② 보고　　③ 보면서

(23) どういう意味か聞いてもよくわかりません。
무슨 뜻인지 (　　　　　) 잘 몰라요 .

① 듣고　　② 들으면　　③ 들어도

(24) ふたを閉めればいいです。
뚜껑을 (　　　　　) 돼요 .

① 닫아　　② 닫고　　③ 닫으면

こたえ

(19) ①　(20) ②　(21) ①　(22) ②　(23) ③　(24) ③

ここでおさらい

2：（　　）に単語を活用して書き入れましょう。

（1） 大河ドラマが見たいです。
대하 드라마를 (　　　　) 싶어요 .

hint ▸ 보다の活用形1 + 고

（2） そのニュースは見たことがあります。
그 뉴스는 (　　　　) 적이 있어요 .

hint ▸ 보다の活用形2 + ㄴ

（3） 風の音を聞いています。
바람 소리를 (　　　　) 있어요 .

hint ▸ 듣다の活用形1 + 고

（4） その曲は聞いたことがあります。
그 곡은 (　　　　) 본 적이 있어요 .

hint ▸ 듣다の活用形3

（5） 最近好きな人が出来ました。
요즘 (　　　　) 사람이 생겼어요 .

hint ▸ 좋아하다の活用形1 + 는

こたえ
（1）보고　（2）본　（3）듣고　（4）들어　（5）좋아하는

(6) その歌手がだんだん好きになりました。
그 가수를 점점 더 (　　　　) 됐어요 .

hint 좋아하다の活用形1 + 게

(7) 特に嫌いな食べ物はありません。
특별히 (　　　　) 음식은 없어요 .

hint 싫어하다の活用形1 + 는

(8) 納豆は嫌いでもたまに食べます。
낫토는 (　　　　) 가끔 먹어요 .

hint 싫어하다の活用形3 + 도

(9) この服も着てみてください。
이 옷도 (　　　　) 보세요 .

hint 입다の活用形3

(10) 半ズボンを履きたいです。
반바지를 (　　　　) 싶어요 .

hint 입다の活用形1 + 고

こたえ

(6) 좋아하게　(7) 싫어하는　(8) 싫어해도　(9) 입어　(10) 입고

Chapter 1
Chapter 2
Chapter 3

ここでおさらい

(11) 靴を脱いでお入りください。
신발을 (　　　　) 들어가세요 .

hint ▸ 벗다の活用形1＋고

(12) 室内では帽子は脱いでください。
실내에서는 모자를 (　　　　).

hint ▸ 벗다の活用形2＋세요

(13) いい人を探しています。
좋은 사람을 (　　　　) 있어요 .

hint ▸ 찾다の活用形1＋고

(14) 銀行でお金を引き出さないといけません。
은행에서 돈을 좀 (　　　　) 돼요 .

hint ▸ 찾다の活用形3＋야

(15) 夜食はピザの出前をとりましょうか？
야식은 피자를 (　　　　)？

hint ▸ 시키다の活用形2＋ㄹ까요

こたえ

(11) 벗고　(12) 벗으세요　(13) 찾고　(14) 찾아야　(15) 시킬까요

(16) 子供に勉強をたくさんさせました。
자식한테 공부를 많이 (　　　　).

hint ▸ 시키다の活用形3 + ㅆ어요

(17) 窓を開けてください。
창문을 (　　　　) 주세요 .

hint ▸ 열다の活用形3

(18) 金庫を開けないでください。
금고를 (　　　　) 마세요 .

hint ▸ 열다の活用形1 + 지

(19) このドアを閉めてもいいですか?
이 문을 (　　　　) 돼요 ?

hint ▸ 닫다の活用形3 + 도

(20) 寒いから窓を閉めますね。
추우니까 창문을 (　　　　).

hint ▸ 닫다の活用形2 + ㄹ게요

こたえ

(16) 시켰어요　(17) 열어　(18) 열지　(19) 닫아도　(20) 닫을게요

Chapter 1
Chapter 2
Chapter 3

ここでトレーニング

1 次の文を日本語に訳しましょう。 Track 048

(1) 시간이 나면 골프를 가르쳐 주세요 . 골프：ゴルフ

(2) 요즘 자동차 운전을 배우고 있어요 . 요즘：最近、자동차：自動車、운전：運転

(3) 스키를 타러 스키장에 갔어요 . 스키：スキー

(4) 공부는 지금 시작해도 늦지 않아요 . 공부：勉強、지금：今

(5) 어제는 돈을 많이 썼어요 . 어제：昨日、돈：お金

(6) 책을 읽으면 도움이 많이 돼요 . 책：本、도움이 되다：役に立つ

(7) 다 같이 즐겁게 다니고 있어요 . 다 같이：皆で、즐겁게：楽しく

(8) 매일 라디오를 들으면서 영어 공부를 해요 . 매일：毎日

(9) 드라마를 좋아해서 많이 봐요 . 드라마：ドラマ

(10) 양복을 입은 사람이 우리 형이에요 . 양복：スーツ、형：兄

こたえ

(1) 時間があればゴルフを教えてください。 (2) 最近、自動車の運転を習っています。
(3) スキーをしにスキー場に行きました。 (4) 勉強は今始めても遅くありません。
(5) 昨日はお金をたくさん使いました。 (6) 本を読めばだいぶ役立ちます。
(7) 皆で楽しく通っています。 (8) 毎日、ラジオを聞きながら英語の勉強をします。
(9) ドラマが好きでたくさん見ます。 (10) スーツを着ている人が私の兄です。

2 音声を参考に、次の文を韓国語に訳しましょう。 Track 049

(1) 最近、英語を教えています。

(2) タクシーに乗って空港に行きました。

(3) 今日、仕事は何時に終わりますか？

(4) 時間はどれくらいかかりますか？

(5) 手紙を書いて送りました。

(6) この本は読んでもよくわかりません。

(7) 写真を見ながら話しました。

(8) 嫌いな料理は何ですか？

(9) 好きな音楽を毎日聞いています。

(10) 銀行でお金を下しました。

こたえ

(1) 요즘 영어를 가르치고 있어요. (2) 택시를 타고 공항에 갔어요.
(3) 오늘 일은 몇 시에 마쳐요? (4) 시간은 얼마쯤 걸려요?
(5) 편지를 써서 보냈어요. (6) 이 책은 읽어도 잘 모르겠어요.
(7) 사진을 보면서 이야기했어요. (8) 싫어하는 음식은 뭐예요?
(9) 좋아하는 음악을 매일 듣고 있어요. (10) 은행에서 돈을 찾았어요.

41

動詞

Track 050

サ ル ダ

살다

住む、暮らす、生きる

ミ グ ゲ ソ　サ ラ ヨ

미국에서 살아요 .

アメリカで　暮らしています。

POINT

「살다」には、「住む、暮らす、生きる」のほかに、「生き生きする」「蘇る」などの意味もあります。「살다」はㄹ語幹なので、ㄴ、ㅂ、ㅅなどで始まる語尾が続くとき、語幹末のパッチム「ㄹ」がなくなります。

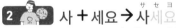

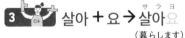

ㄹ語幹

活用形

1 사 ＋ ㅂ니다 → 삽니다（サムニダ）
（暮らします）

2 사 ＋ 세요 → 사세요（サセヨ）
（お暮らしください）

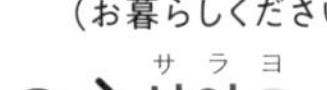

3 살아 ＋ 요 → 살아요（サラヨ）
（暮らします）

「살다」の使い方いろいろ

- 서울에 살다（ソウレ サルダ）（ソウルに住む）
- 100살까지 살다（ペク サルッカジ サルダ）（百歳まで生きる）
- 부모님과 같이 살다（プモニムグワ カチ サルダ）（両親と一緒に暮らす）
- 행복하게 살다（ヘンボカゲ サルダ）（幸せに暮らす）

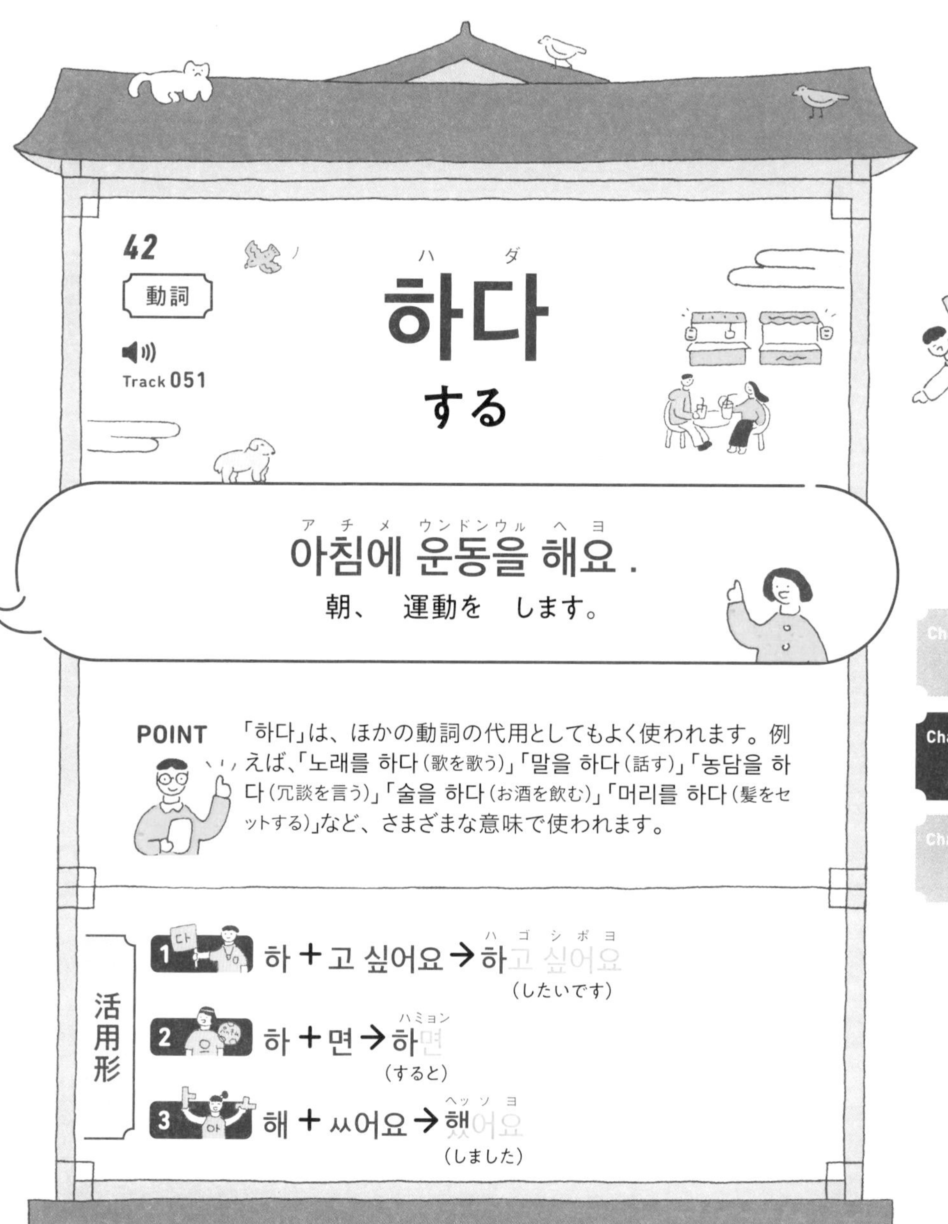

42
動詞
Track 051
ハ ダ
하다
する
ア チ メ ウンドンウル ヘ ヨ
아침에 운동을 해요 .
朝、 運動を します。
POINT
「하다」は、ほかの動詞の代用としてもよく使われます。例えば、「노래를 하다（歌を歌う）」「말을 하다（話す）」「농담을 하다（冗談を言う）」「술을 하다（お酒を飲む）」「머리를 하다（髪をセットする）」など、さまざまな意味で使われます。
活用形
1 하 ＋고 싶어요 → 하고 싶어요（ハ ゴ シ ポ ヨ）
（したいです）
2 하 ＋면 → 하면（ハミョン）
（すると）
3 해 ＋ㅆ어요 → 했어요（ヘッ ソ ヨ）
（しました）

「하다」の使い方いろいろ

- 공부를 하다（コンブルル ハダ）（勉強をする）
- 밥을 하다（パブル ハダ）（ご飯を炊く）
- 귀고리를 하다（クィゴリルル ハダ）（イヤリングをする）
- 사장을 하다（サジャンウル ハダ）（社長をやる）

43

動詞

Track 052

アンタ
앉다
座る、腰かける

ベンチエ アンジャヨ
벤치에 앉아요.
ベンチに　座ります。

POINT

「앉다」は「座る、腰かける」のほかに、「(鳥などが木の枝や止まり木に)とまる」「(地位や職に)つく」「(ほこりなどが)つもる」などの意味でも使われます。

活用形

1 앉＋고 싶어요→앉고 싶어요（アンコ シポヨ）
(座りたいです)

2 앉으＋세요→앉으세요（アンジュセヨ）
(座ってください)

3 앉아＋서→앉아서（アンジャソ）
(座って)

「앉다」の使い方いろいろ

- 의자에 앉다（ウイジャエ アンタ）(いすに座る)
- 새가 앉다（セガ アンタ）(鳥がとまる)
- 자리에 앉다（チャリエ アンタ）(ポストにつく)
- 먼지가 앉다（モンジガ アンタ）(ほこりがたまる)

44

動詞

Track 053

서다（ソダ）

立つ、止まる

이 버스는 명동에 서요?（イ ポスヌン ミョンドンエ ソヨ）

この　バスは　明洞に　停まりますか？

POINT　「서다」には「立つ」以外に、「（動いているものが）止まる」「（乗り物が）停まる」「（建物が）建つ」という意味もあります。また、「보증을 서다（保証をする）」のように、「〜を」「〜に」にあたる目的語を伴って他動詞的に使われることもあります。

活用形

1 서 + 지 않아요 → 서지 않아요（ソジ アナヨ）
（立ちません）

2 서 + 면 → 서면（ソミョン）
（立てば）

3 （서어→）서 + ㅆ어요 → 섰어요（ソッソヨ）
（立ちました）

「서다」の使い方いろいろ

- 똑바로 서다（ットゥパロ ソダ）（まっすぐに立つ）
- 택시가 서다（テクシガ ソダ）（タクシーが止まる）
- 결심이 서다（キョルシミ ソダ）（決心が立つ→決心がつく）
- 호텔이 서다（ホテリ ソダ）（ホテルが建つ）

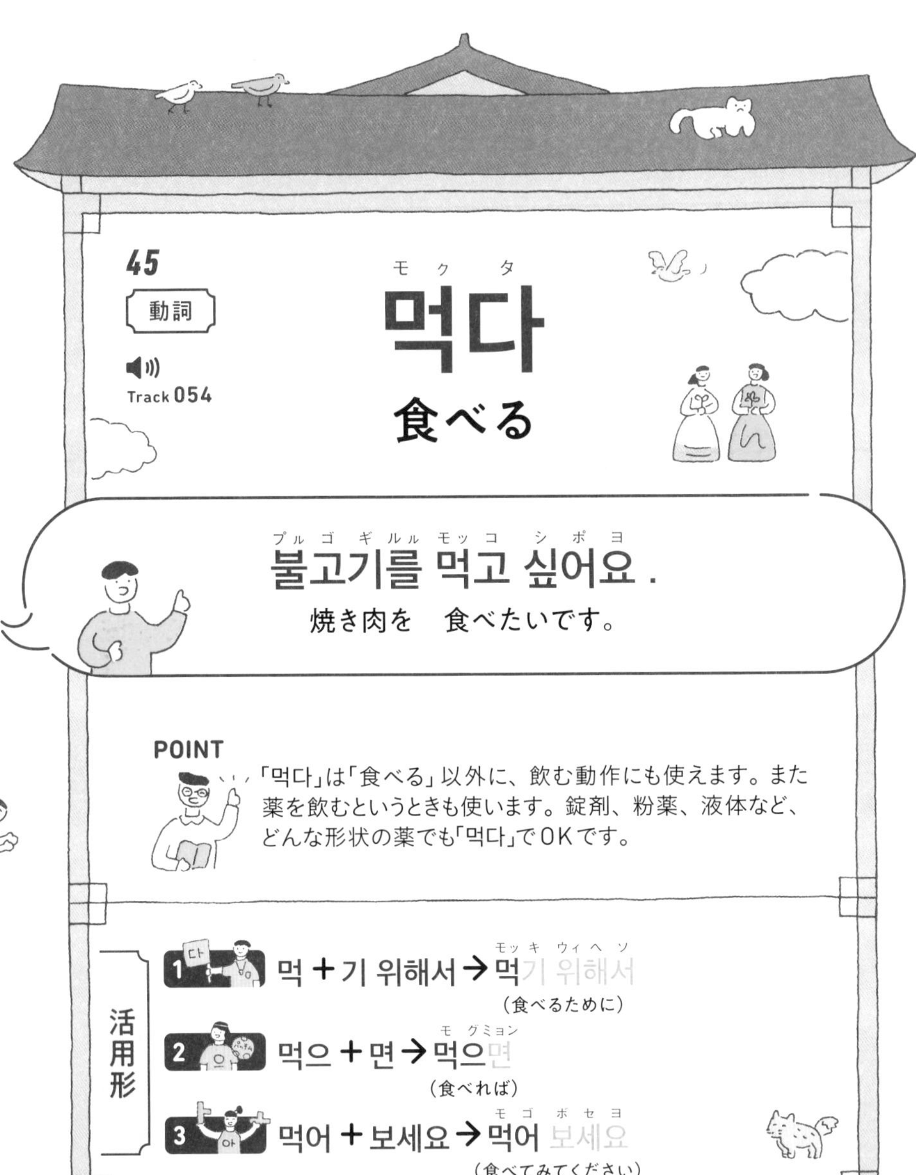

45
動詞
Track 054
모크 타
먹다
食べる
プル ゴ ギ ルル モッ コ シ ポ ヨ
불고기를 먹고 싶어요.
焼き肉を　食べたいです。
POINT
「먹다」は「食べる」以外に、飲む動作にも使えます。また薬を飲むというときも使います。錠剤、粉薬、液体など、どんな形状の薬でも「먹다」でOKです。
活用形
1 먹＋기 위해서→먹기 위해서（モッキ ウィヘソ）
（食べるために）
2 먹으＋면→먹으면（モグミョン）
（食べれば）
3 먹어＋보세요→먹어 보세요（モゴ ボセヨ）
（食べてみてください）

「먹다」の使い方いろいろ

- 밥을 먹다（パブル モクタ）（ご飯を食べる）
- 국을 먹다（クグル モクタ）（スープを飲む）
- 술을 먹다（スルル モクタ）（お酒を飲む）
- 약을 먹다（ヤグル モクタ）（薬を飲む）

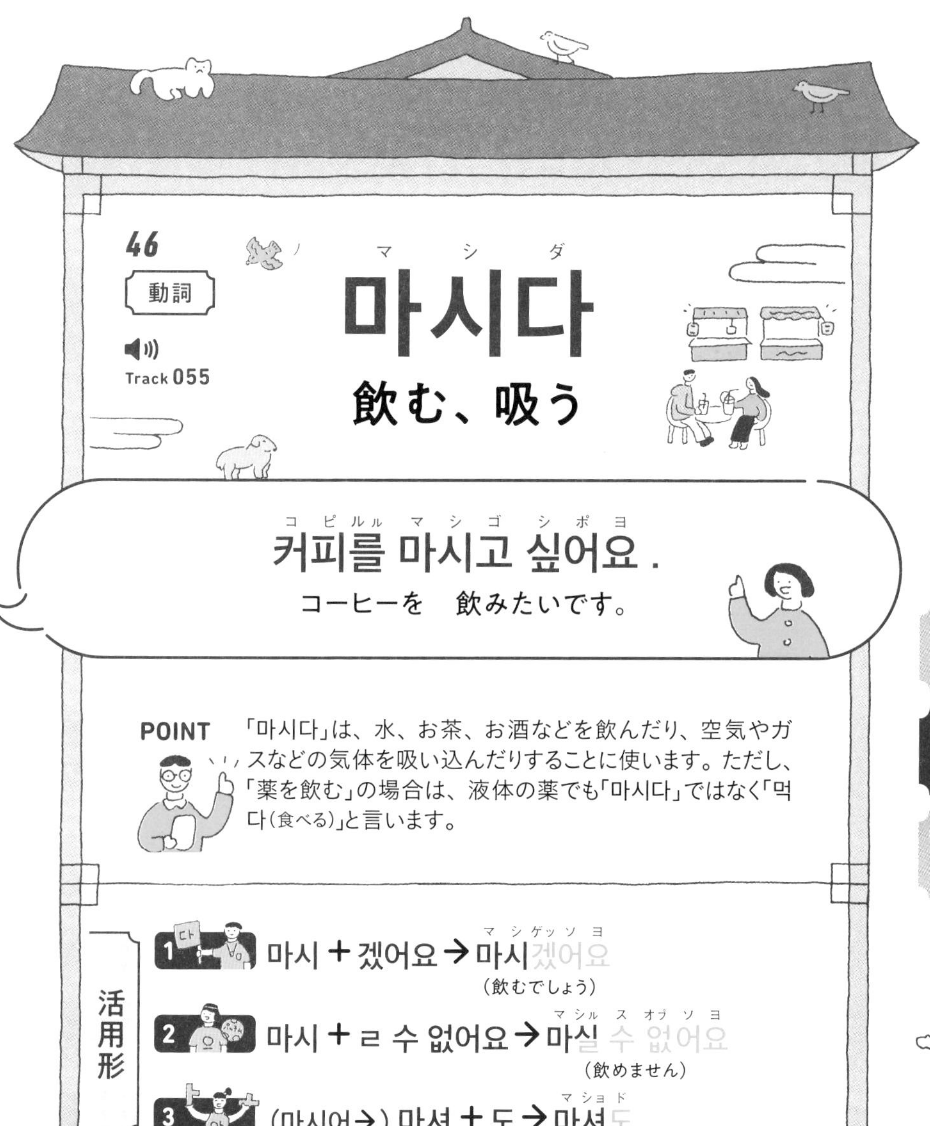

46

動詞

Track 055

マ シ ダ
마시다
飲む、吸う

コ ピルル マ シ ゴ シ ポ ヨ
커피를 마시고 싶어요 .
コーヒーを　飲みたいです。

POINT 「마시다」は、水、お茶、お酒などを飲んだり、空気やガスなどの気体を吸い込んだりすることに使います。ただし、「薬を飲む」の場合は、液体の薬でも「마시다」ではなく「먹다(食べる)」と言います。

活用形

1 마시 ＋ 겠어요 → 마시겠어요（マ シゲッソ ヨ）
（飲むでしょう）

2 마시 ＋ ㄹ 수 없어요 → 마실 수 없어요（マシル ス オプ ソ ヨ）
（飲めません）

3 (마시어→) 마셔 ＋ 도 → 마셔도（マ ショ ド）
（飲んでも）

「마시다」の使い方いろいろ

- 물을 마시다（ムルル マ シ ダ）（水を飲む）
- 술을 마시다（スルル マ シ ダ）（お酒を飲む）
- 공기를 마시다（コンギルル マ シ ダ）（空気を吸う）
- 차를 마시다（チャルル マ シ ダ）（お茶を飲む）

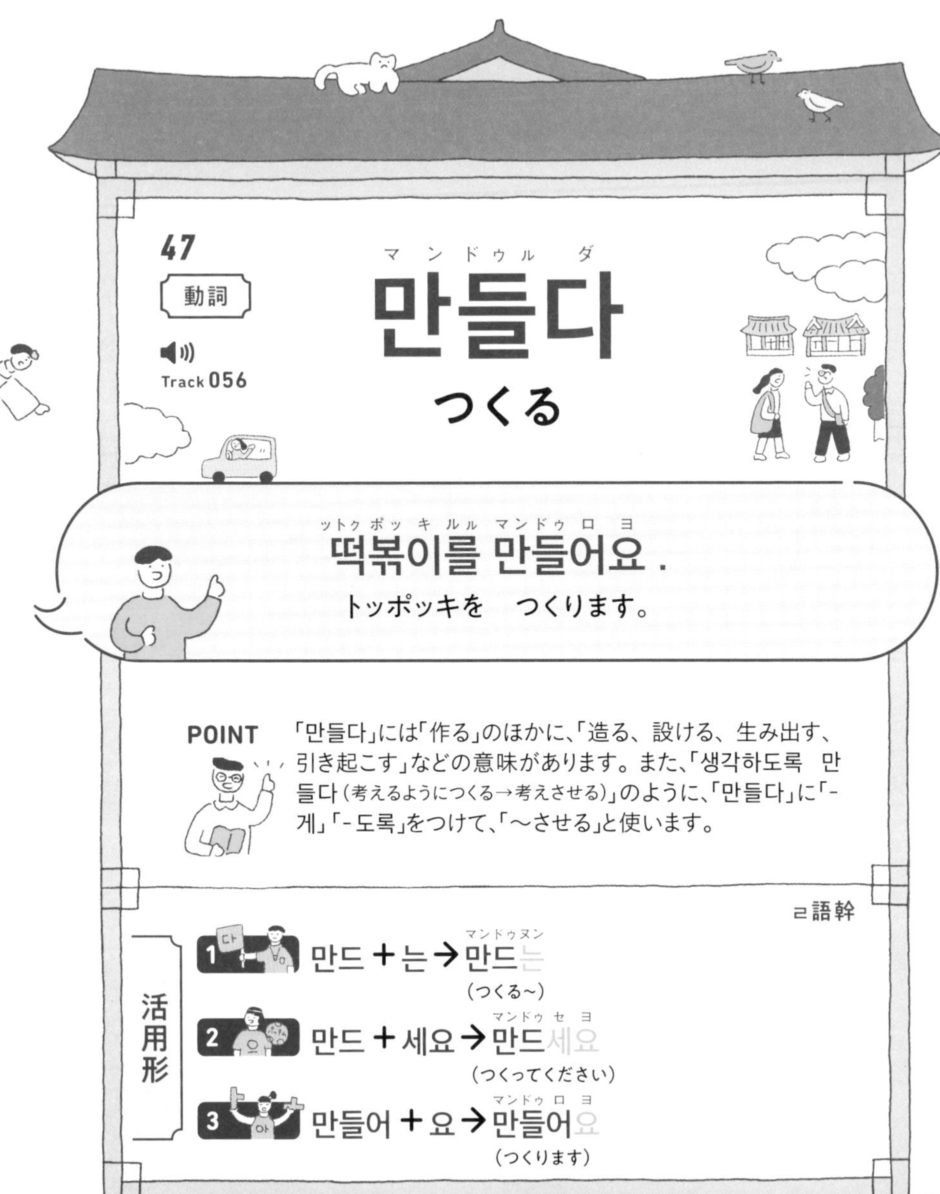

47

動詞

Track 056

만들다（マンドゥルダ）

つくる

떡볶이를 만들어요.（ットクポッキルル マンドゥロヨ）

トッポッキを　つくります。

POINT 「만들다」には「作る」のほかに、「造る、設ける、生み出す、引き起こす」などの意味があります。また、「생각하도록 만들다（考えるようにつくる→考えさせる）」のように、「만들다」に「-게」「-도록」をつけて、「〜させる」と使います。

ㄹ語幹

活用形

1 만드 + 는 → 만드는（マンドゥヌン）
（つくる〜）

2 만드 + 세요 → 만드세요（マンドゥセヨ）
（つくってください）

3 만들어 + 요 → 만들어요（マンドゥロヨ）
（つくります）

「만들다」の使い方いろいろ

- 음식을 만들다（ウムシグル マンドゥルダ）（料理をつくる）
- 책을 만들다（チェグル マンドゥルダ）（本をつくる）
- 법을 만들다（ポブル マンドゥルダ）（法をつくる）
- 길을 만들다（キルル マンドゥルダ）（道をつくる）

48

動詞

Track 057

되다（トゥエダ）

なる、できる

동생이 의사가 됐어요.（トンセンイ ウイサガ トゥェッソヨ）

弟／妹が　医者に　なりました。

POINT　「～になる」は、助詞「-이/가（～が）」を使って、「의사가 되다（医者になる）」のように使います。また、「가게 되다（行くようになる）」「빨갛게 되다（赤くなる）」のように、動詞や形容詞の「語幹＋게 되다」で、状況の変化を表します。

活用形

1 되＋고 싶어요→되고 싶어요（トゥェゴ シポヨ）
（なりたいです）

2 되＋면→되면（トゥェミョン）
（なれたら）

3 (되어→) 돼＋요→돼요（トゥェヨ）
（なります）

Chapter 1
Chapter 2
Chapter 3

「되다」の使い方いろいろ

- 가수가 되다（カスガ トゥェダ）（歌手になる）
- 어른이 되다（オルニ トゥェダ）（大人になる）
- 시간이 되다（シガニ トゥェダ）（時間になる）
- 밥이 되다（パビ トゥェダ）（ご飯ができる）

49

動詞

Track 058

モ タ ダ
못하다
できない

ハン グ ゴ ルル チャル モ テ ヨ
한국어를 잘 못해요.
韓国語が　よく　できません。

POINT

「못하다」は「가지 못하다（行けない）」のように、「動詞の語幹＋지 못하다（～することができない）」の形でよく使われます。また、「동생보다 못하다（弟より劣る）」のように「～より劣る、～より下手だ」という意味の形容詞としても使われます。

活用形

モ タ ヌン
못하＋는→못하는
（できない～）

モ タ ニッカ
못하＋니까→못하니까
（できないので）

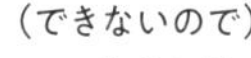

못해＋ㅆ어요→못했어요
（できませんでした）

「못하다」の使い方いろいろ

- ノ レ ルル モ タ ダ
  노래를 못하다（歌が下手だ）
- コン ブ ルル モ タ ダ
  공부를 못하다（勉強ができない）
- ス ヨン ウル モ タ ダ
  수영을 못하다（水泳ができない）
- ス ルル モ タ ダ
  술을 못하다（お酒が飲めない）

50

動詞

Track 059

チ ナ ダ

지나다

過ぎる、通る

キョウ リ　チ ナ ゴ　ポ ミ　ワッ ソ ヨ

겨울이 지나고 봄이 왔어요.

冬が　過ぎて、　春が　来ました。

POINT

「지나다」は、「時間が過ぎる」という意味のほかに、「(ある場所を)通り過ぎる」という意味もあります。また「〜에 지나지 않다」の形で、「〜にすぎない」という表現でも使われます。

活用形

1 지나 ＋ 는 → 지나는（チナヌン）
(過ぎる〜)

2 지나 ＋ 니까 → 지나니까（チナニッカ）
(過ぎるから)

3 지나 ＋ ㅆ어요 → 지났어요（チナッソヨ）
(過ぎました)

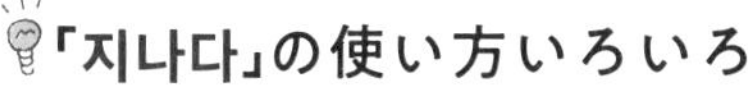

「지나다」の使い方いろいろ

- 여름이 지나다（ヨルミ チナダ）(夏が過ぎる)
- 시간이 지나다（シガニ チナダ）(時間が経つ)
- 열차가 지나다（ヨルチャガ チナダ）(列車が通る)
- 서울을 지나다（ソウルル チナダ）(ソウルを通り過ぎる)

ここでおさらい

1 3つの中から正しいと思うものを選びましょう。

(1) 最近ソウルに住んでいます。
요즘 서울에 (　　　　　) 있어요 .

① 살며　② 사는　③ 살고

(2) 済州島で暮らしてみたいです。
제주도에서 (　　　　　) 보고 싶어요 .

① 살아　② 살고　③ 사니까

(3) 運動をすると気分がよくなります。
운동을 (　　　　　) 기분이 좋아져요 .

① 하니까　② 해도　③ 하면

(4) 今会話の勉強をしています。
지금 회화 공부를 (　　　　　) 있어요 .

① 하고　② 하는　③ 해서

(5) ベンチに座って本を読んでいます。
벤치에 (　　　　　) 책을 읽어요 .

① 앉으면　② 앉아서　③ 앉고

(6) 疲れたので少し座りたいです。
피로해서 좀 (　　　　　) 싶어요 .

① 앉을　② 앉고　③ 앉은

こたえ

(1) ③　(2) ①　(3) ③　(4) ①　(5) ②　(6) ②

(7) ここに立ってみてください。
여기에 (　　　　) 보세요 .
① 서고　② 서　③ 서면

(8) ここに立てばよく見えると思います。
여기에 (　　　　) 잘 보일 거예요 .
① 서면　② 서　③ 서고

(9) カルビを食べてみてください。
갈비를 (　　　　) 보세요 .
① 먹고　② 먹어　③ 먹으니까

(10) 嫌なら食べなくてもいいですよ。
싫으면 (　　　　) 않아도 괜찮아요 .
① 먹어　② 먹고　③ 먹지

(11) 韓国の焼酎を一度飲んでみてください。
한국 소주를 한번 (　　　　) 보세요 .
① 마시고　② 마시면　③ 마셔

(12) 飲みすぎてはいけません。
너무 많이 (　　　　) 안 돼요 .
① 마시면　② 마셔　③ 마시고

こたえ
(7) ②　(8) ①　(9) ②　(10) ③　(11) ③　(12) ①

Chapter 1
Chapter 2
Chapter 3

(13) チェプチェをつくってみてください。
잡채를 (　　　　) 보세요 .
① 만들고　② 만들어　③ 만들면

(14) トッポッキもつくりたいですか?
떡볶이도 (　　　　) ?
① 만드세요　② 만들어 보세요　③ 만들고 싶어요

(15) 弁護士になりたいです。
변호사가 (　　　　) 싶어요 .
① 돼　② 되고　③ 되면

(16) 歌手になれたらうれしいです。
가수가 (　　　　) 좋겠어요 .
① 되고　② 되지　③ 되면

(17) 私は水泳が苦手です(よくできません)。
저는 수영을 잘 (　　　　) .
① 못해요　② 못했어요　③ 못하겠어요

(18) 韓国語がうまくできなくても大丈夫です。
한국어를 잘 (　　　　) 괜찮아요 .
① 못해도　② 못하면　③ 못해서

こたえ
(13) ②　(14) ③　(15) ②　(16) ③　(17) ①　(18) ①

(19) フランスを過ぎてドイツに行きました。
프랑스를 (　　　　　) 독일에 갔어요 .

① 지나니까　② 지나면　③ 지나서

(20) 冬が早く終わってほしいです。
겨울이 빨리 (　　　　　) 좋겠어요 .

① 지나서　② 지나면　③ 지나고

(21) ここに座ってお待ちください。
여기에 (　　　　　) 기다리세요 .

① 앉아　② 앉고　③ 앉으니까

(22) 韓国の友だちをたくさんつくりたいです。
한국 친구를 많이 (　　　　　) 싶어요 .

① 만들어　② 만들면서　③ 만들고

(23) 1日中立っていました。
하루 종일 (　　　　　) 있었어요 .

① 서면　② 서　③ 서고

(24) サムゲタンも食べてみたいです。
삼계탕도 (　　　　　) 보고 싶어요 .

① 먹어　② 먹고　③ 먹으면서

こたえ
(19) ③　(20) ②　(21) ①　(22) ③　(23) ②　(24) ①

Chapter 1
Chapter 2
Chapter 3

ここでおさらい

2　(　　)に単語を活用して書き入れましょう。

(1)　2人は幸せに暮らしています。
둘은 행복하게 잘 (　　　　　) 있어요 .

hint ▸ 살다の活用形1 + 고

(2)　ソウルに住んでいるから韓国語がかなり上達しました。
서울에 (　　　　　) 한국어가 많이 늘었어요 .

hint ▸ 살다の活用形2 + 니까

(3)　最近、何をして過ごしていますか?
요즘 뭘 (　　　　　) 지내요 ?

hint ▸ 하다の活用形1 + 고

(4)　練習はやればやるほど実力が伸びます。
연습은 많이 (　　　　　) 할수록 실력이 늘어요 .

hint ▸ 하다の活用形2 + 면

(5)　ここに座ってもいいですか?
여기에 (　　　　　) 돼요 ?

hint ▸ 앉다の活用形3 + 도

こたえ
(1) 살고　(2) 사니까　(3) 하고　(4) 하면　(5) 앉아도

(6) ソファに座って待っています。
소파에 (　　　　　) 기다리고 있어요 .

hint ▶ 앉다の活用形3 + 서

(7) うしろの席では立っても大丈夫です。
뒷자리에서는 (　　　　　) 괜찮아요 .

hint ▶ 서다の活用形3 + 도

(8) コンサートではずっと立って見ました。
콘서트에서는 계속 (　　　　　) 봤어요 .

hint ▶ 서다の活用形3 + 서

(9) 今日のお昼は何を食べればいいでしょう?
오늘 점심은 뭘 (　　　　　) 좋을까요 ?

hint ▶ 먹다の活用形2 + 면

(10) たくさん食べたのでお腹がいっぱいです。
많이 (　　　　　) 배가 불러요 .

hint ▶ 먹다の活用形3 + 서

こたえ
(6) 앉아서　(7) 서도　(8) 서서　(9) 먹으면　(10) 먹어서

ここでおさらい

(11) きれいな空気をいっぱい吸いたいです。
맑은 공기를 많이 (　　　　　) 싶어요 .

hint ▶ 마시다の活用形1 + 고

(12) マッコリを1杯飲んでみたいです。
막걸리를 한잔 (　　　　　) 보고 싶어요 .

hint ▶ 마시다の活用形3

(13) いつかドキュメンタリー映画をつくりたいです。
언젠가 다큐멘터리 영화를 (　　　　　) 싶어요 .

hint ▶ 만들다の活用形1 + 고

(14) 何でも上手につくれてうらやましいです。
뭐든지 잘 (　　　　　) 부러워요 .

hint ▶ 만들다の活用形3

(15) 兄は医者になりたがっています。
형은 의사가 (　　　　　) 싶어 해요 .

hint ▶ 되다の活用形1 + 고

こたえ

(11) 마시고　(12) 마셔　(13) 만들고　(14) 만들어　(15) 되고

(16) 早く春になってほしいです。

빨리 봄이 (　　　　　) 좋겠어요 .

hint ▸ 되다の活用形2 + 면

(17) 数学と科学が苦手です。

수학과 과학을 잘 (　　　　　).

hint ▸ 못하다の活用形3 + 요

(18) 勉強ができなくて試験に落ちました。

공부를 잘 (　　　　　) 시험에 떨어졌어요 .

hint ▸ 못하다の活用形3

(19) 台風が過ぎたあと、 気温が下がりました。

태풍이 (　　　　　) 후에 기온이 떨어졌어요 .

hint ▸ 지나다の活用形2 + ㄴ

(20) 大邱(テグ)を過ぎて釜山に行きます。

대구를 (　　　　　) 부산에 가요 .

hint ▸ 지나다の活用形3

こたえ

(16) 되면　(17) 못해요　(18) 못해　(19) 지난　(20) 지나

51

動詞

Track 060

나가다（ナガダ）

出る、出ていく

운동장으로 나가요.（ウンドンジャン ウロ ナガヨ）

運動場に　出ます。

POINT

「나가다」は「나다（出る）＋가다（行く）」からできた言葉。「정신이 나가다（精神が出ていく→気が抜ける）」のように「失う、なくす」というニュアンスもあります。他方、「出てくる」は「나다（出る）＋오다（来る）」から「나오다」です。

活用形

1 나가＋죠→나가죠（ナガチョ）
（出ますよ）

2 나가＋니까→나가니까（ナガニッカ）
（出るので）

3 （나가아→）나가＋요→나가요（ナガヨ）
（出ます）

「나가다」の使い方いろいろ

- 밖으로 나가다（パックロ ナガダ）（外に出る）
- 대회에 나가다（テフェエ ナガダ）（大会に出る）
- 돈이 나가다（トニ ナガダ）（お金が出る→出費する）
- 전기가 나가다（チョンギガ ナガダ）（電気が出る→停電する）

52

動詞

Track 061

나다（ナダ）

出る

옛날 생각이 나요.（イェンナル センガギ ナヨ）

昔の　ことが　思い出されます。

POINT　「나다」は「풀이 나다（草が生える）」のように「（草木の芽などが）出る、生じる」、「땀이 나다（汗が出る）」のように「（中にある物が外へ）出る、わき出る」、「길이 나다（道ができる）」のように「（物事や状態が）生じる、起こる、できる」などの意味で使われます。

活用形

1　나＋는→나는（ナヌン）（出る～）

2　나＋면→나면（ナミョン）（出れば）

3　（나아→）나＋요→나요（ナヨ）（出ます）

Chapter 1
Chapter 2
Chapter 3

「나다」の使い方いろいろ

- 기억이 나다（キオギ ナダ）（記憶が出る→思い出す）
- 냄새가 나다（ネムセガ ナダ）（においが出る→においがする）
- 기침이 나다（キチミ ナダ）（咳が出る）
- 눈물이 나다（ヌンムリ ナダ）（涙が出る）

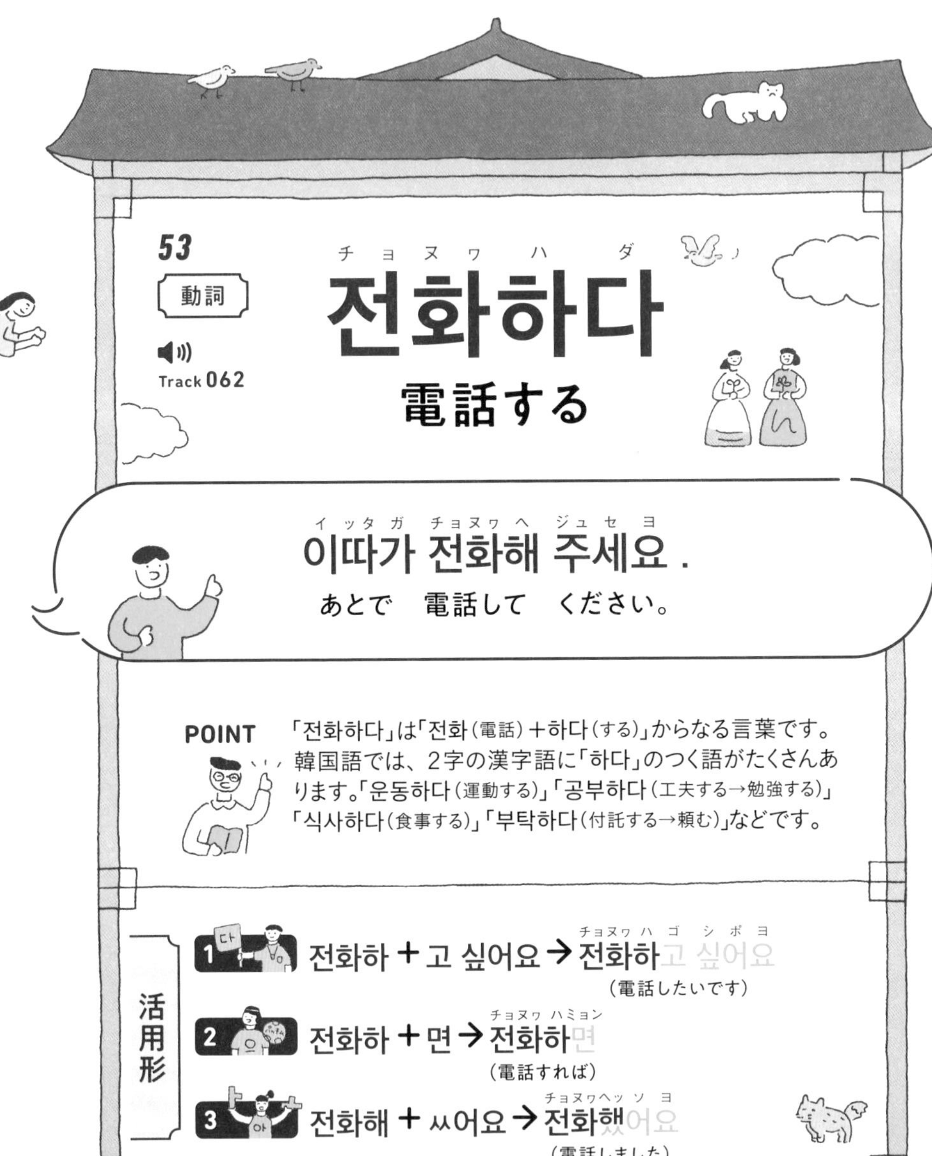

53
動詞
Track 062
チョヌヮハダ
전화하다
電話する
イッタガ チョヌヮヘ ジュセヨ
이따가 전화해 주세요.
あとで 電話して ください。
POINT
「전화하다」は「전화(電話)＋하다(する)」からなる言葉です。韓国語では、2字の漢字語に「하다」のつく語がたくさんあります。「운동하다(運動する)」「공부하다(工夫する→勉強する)」「식사하다(食事する)」「부탁하다(付託する→頼む)」などです。
活用形
1 전화하＋고 싶어요→전화하고 싶어요（電話したいです）
チョヌヮハゴ シポヨ
2 전화하＋면→전화하면（電話すれば）
チョヌヮハミョン
3 전화해＋ㅆ어요→전화했어요（電話しました）
チョヌヮヘッソヨ

「전화하다」の使い方いろいろ

- 친구한테 전화하다（友達に電話する）
- 집에 전화하다（家に電話する）
- 형과 전화하다（兄と電話する）
- 자주 전화하다（よく電話する）

54

動詞

Track 063

찍다（ッチクタ）

撮る、写す

사진을 찍었어요 .（サジヌル ッチゴッソヨ）

写真を　撮りました。

POINT 「찍다」は「(写真などを) 撮る、写す」という意味のほかに、「간장을 찍다 (醤油をつける)」「포크로 찍다 (フォークで突き刺す)」「도장을 찍다 (ハンコを押す)」「점을 찍다 (点を打つ)」「답을 찍다 (ヤマをかける)」などの意味でも使われます。

活用形

1 찍 ＋ 고 싶어요 → 찍고 싶어요（ッチッコ シポヨ）
(撮りたいです)

2 찍으 ＋ 면 → 찍으면（ッチグミョン）
(撮れば)

3 찍어 ＋ 주세요 → 찍어 주세요（ッチゴ ジュセヨ）
(撮ってください)

「찍다」の使い方いろいろ

- 거리를 찍다（コリルル ッチクタ）(街を撮る)
- 비디오를 찍다（ビディオルル ッチクタ）(ビデオを撮る)
- 영화를 찍다（ヨンフヮルル ッチクタ）(映画を撮る)
- 휴대폰으로 찍다（ヒュデポヌロ ッチクタ）(携帯電話で撮る)

55

動詞

Track 064

ウ ッ タ

웃다

笑う

ウ ス ミョン コンガン エ チョ ア ヨ

웃으면 건강에 좋아요 .

笑えば　健康に　いいです。

POINT 韓国語の笑い声の表現には「하하하（ハハハ）」「히히히（ヒヒヒ）」「후후후（フフフ）」「헤헤헤（へへへ）」「호호호（ホホホ）」、中年男性の豪快な笑い「허허허（ホホホ）」、しまりのない笑い「흐흐흐（フフフ）」など、さまざまな表現があります。

活用形

1 웃 ＋ 겠어요 → 웃겠어요（ウッケッソヨ）
（笑うでしょう）

2 웃으 ＋ 니까 → 웃으니까（ウスニッカ）
（笑うから）

3 웃어 ＋ 서 → 웃어서（ウソソ）
（笑うので）

「웃다」の使い方いろいろ

- 아기가 웃다（アギガ ウッタ）（赤ちゃんが笑う）
- 유쾌하게 웃다（ユクェハケ ウッタ）（愉快に笑う）
- 깔깔 웃다（ッカルッカルウッタ）（ケラケラ笑う）
- 밝게 웃다（パルッケ ウッタ）（明るく笑う）

56

動詞

Track 065

ウ ル ダ

울다

泣く、鳴く

イ ジェ ウル ジ マ セ ヨ

이제 울지 마세요 .

もう 泣かないで ください。

POINT 「울다」は「泣く」ですが、「호랑이가 울다（虎が吠える）」のように「（鳥、虫、獣などが）鳴く、吠える、いななく」のときも使います。ほかに、「천둥이 울다（雷が鳴る）」のように「（振動で）音が鳴り響く」という意味もあります。

ㄹ語幹

活用形

1 울 ＋ 겠어요 → 울겠어요（ウルゲッソヨ）
（泣きそうです）

2 우 ＋ 니까 → 우니까（ウニッカ）
泣くから

3 울어 ＋ ㅆ어요 → 울었어요（ウロッソヨ）
（泣きました）

「울다」の使い方いろいろ

- 아이가 울다（アイガ ウルダ）（子供が泣く）
- 슬프게 울다（スルプゲ ウルダ）（悲しく泣く）
- 엉엉 울다（オンオン ウルダ）（わあわあ泣く）
- 닭이 울다（タルギ ウルダ）（鶏が鳴く）

57

動詞

Track 066

기다리다（キダリダ）

待つ

잠 깐만 기다려 주세요 .（チャムッカンマン キダリョ ジュセヨ）

しばらく　お待ち　ください。

POINT 日本語では待ち焦がれるさまを「首を長くして待つ」と言いますが、韓国語では「목이 빠지게 기다리다（首が抜けるほど待つ）」「눈이 빠지게 기다리다（目が抜けるほど待つ）」と表現します。

活用形

1 기다리 ＋ 고 → 기다리고（キダリゴ）
（待って～）

2 기다리 ＋ 세요 → 기다리세요（キダリセヨ）
（お待ちください）

3 （기다리어→）기다려 ＋ 요 → 기다려요（キダリョヨ）
（待ちます）

「기다리다」の使い方いろいろ

- 손님을 기다리다（ソンニムル キダリダ）（お客さんを待つ）
- 전화를 기다리다（チョヌァルル キダリダ）（電話を待つ）
- 차례를 기다리다（チャレルル キダリダ）（順番を待つ）
- 택시를 기다리다（テクシルル キダリダ）（タクシーを待つ）

58

動詞

Track 067

가지다

カジダ

持つ

꿈을 가지고 있어요 .

ックムル カジゴ イッソヨ

夢を 持って います。

POINT 「가지다」は「일을 가지다（仕事を持つ）」「꿈을 가지다（夢を持つ）」などのように、「身につける、所有する、所持する、携帯する」という意味があります。なお、「가방을 들다（カバンを持つ）」のように「（何かを）手に持つ」は「들다」を使います。

活用形

1 가지 ＋고 싶어요 → 가지고 싶어요（欲しいです）

カジゴシポヨ

2 가지 ＋면 → 가지면（持てば）

カジミョン

3 （가지어 →）가져 ＋요 → 가져요（持ちます）

カジョヨ

Chapter 1

Chapter 2

Chapter 3

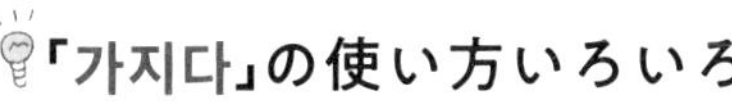

「가지다」の使い方いろいろ

- 힘을 가지다（力を持つ）ヒムル カジダ
- 모임을 가지다（会合を持つ）モイムル カジダ
- 호감을 가지다（好感を持つ）ホガムル カジダ
- 관계를 가지다（関係を持つ）クワンゲルル カジダ

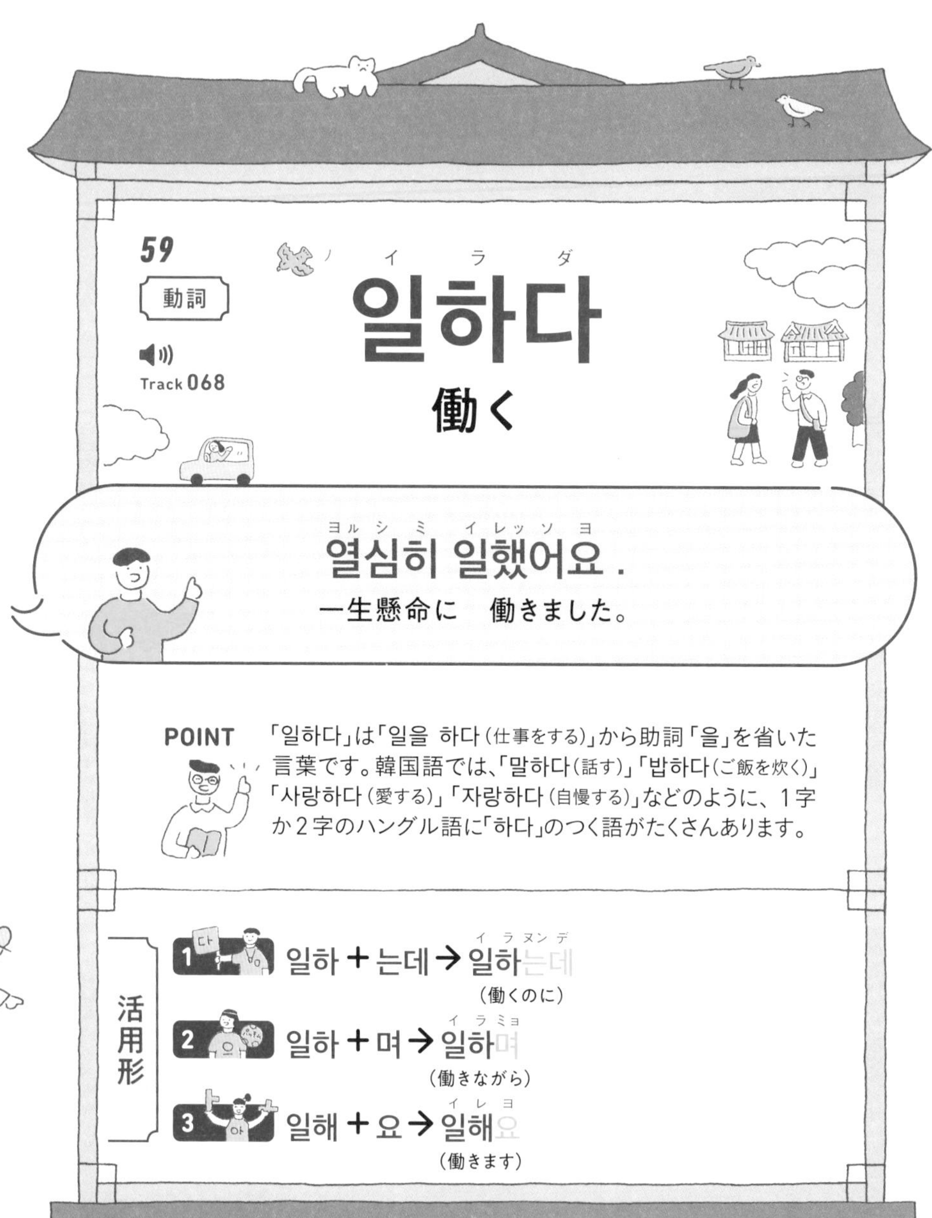

59

動詞

Track 068

일하다（イラダ）

働く

열심히 일했어요.（ヨルシミ イレッソヨ）

一生懸命に　働きました。

POINT 「일하다」は「일을 하다（仕事をする）」から助詞「을」を省いた言葉です。韓国語では、「말하다（話す）」「밥하다（ご飯を炊く）」「사랑하다（愛する）」「자랑하다（自慢する）」などのように、1字か2字のハングル語に「하다」のつく語がたくさんあります。

活用形

1 일하 ＋ 는데 → 일하는데（イラヌンデ）（働くのに）

2 일하 ＋ 며 → 일하며（イラミョ）（働きながら）

3 일해 ＋ 요 → 일해요（イレヨ）（働きます）

「일하다」の使い方いろいろ

- 같이 일하다（カチ イラダ）（いっしょに働く）
- 회사에서 일하다（フェサエソ イラダ）（会社で働く）
- 서서 일하다（ソソ イラダ）（立って働く）
- 비서로 일하다（ピソロ イラダ）（秘書として働く）

60

動詞

Track 069

쉬다（シュイダ）

休む

앉아서 쉬어요 .（アンジャソ シュイオヨ）

座って　休みます。

POINT　「쉬다」には「休む、中断する、欠席する、泊まる、寝る」以外に、「숨을 쉬다（息をする）」「밥이 쉬다（ご飯がすえる）」「목이 쉬다（喉がかれる）」のように「呼吸する」「腐りかけてすっぱくなる」「（声が）かすれる、しわがれる」などの意味もあります。

活用形

1. 쉬 ＋기 위해서 → 쉬기 위해서（シュイギ ウィヘソ）
（休むために）
2. 쉬 ＋세요 → 쉬세요（シュイセヨ）
（休んでください）
3. 쉬어 ＋도 → 쉬어도（シュイオド）
（休んでも）

「쉬다」の使い方いろいろ

- 회사를 쉬다（フェサルル シュイダ）（会社を休む）
- 공원에서 쉬다（コンウォネソ シュイダ）（公園で休む）
- 백화점이 쉬다（ペクヮジョミ シュイダ）（百貨店が休む）
- 일을 쉬다（イルル シュイダ）（仕事を休む）

Chapter 1　Chapter 2　Chapter 3

ここでおさらい

1 3つの中から正しいと思うものを選びましょう。

(1) 外に出てみてください。
바깥에 (　　　) 보세요 .
① 나가고　② 나가　③ 나가면

(2) 外は寒いので出ないでください。
밖은 추우니까 (　　　) 마세요 .
① 나가지　② 나가서　③ 나가고

(3) 桜の木に新芽が出ました。
벚꽃나무에 새싹이 (　　　) .
① 나요　② 났어요　③ 나니까요

(4) 故郷のことを思い出すときもあります。
고향 생각이 (　　　) 때도 있어요 .
① 난　② 나고　③ 날

(5) 先生に電話してください。
선생님께 (　　　) 주세요 .
① 전화해　② 전화하고　③ 전화하는

(6) 友人に電話したいです。
친구한테 (　　　) 싶어요 .
① 전화하니까　② 전화해도　③ 전화하고

こたえ
(1)②　(2)①　(3)②　(4)③　(5)①　(6)③

(7) 写真をたくさん撮るつもりです。
사진을 많이 (　　　　).

① 찍어요　② 찍었어요　③ 찍을 거예요

(8) 写真を撮ってください。
사진을 (　　　　) 주세요 .

① 찍어　② 찍고　③ 찍으면

(9) 笑うと福が来ます。
(　　　　) 복이 와요 .

① 웃어서　② 웃으면　③ 웃는

(10) 明るく笑う姿が素敵です。
밝게 (　　　　) 모습이 좋아요 .

① 웃고　② 웃으며　③ 웃는

(11) それ以上泣かないでください。
더 이상 (　　　　) 마세요 .

① 울지　② 울고　③ 울어

(12) 本当に泣きたいです。
정말 (　　　　) 싶어요 .

① 울어　② 울고　③ 우는

こたえ
(7) ③　(8) ①　(9) ②　(10) ③　(11) ①　(12) ②

(13) もう少しお待ちください。
좀 더 (　　　　) 주세요 .
① 기다려　② 기다리고　③ 기다리며

(14) もう待ちたくありません。
이제 (　　　　) 싫어요 .
① 기다려　② 기다리고　③ 기다리기

(15) もう少し夢をお持ちください。
좀 더 꿈을 (　　　　).
① 가지세요　② 가지고 싶어요　③ 가졌어요

(16) お金は持てば持つほどさらに欲しくなります。
돈은 (　　　　) 가질수록 더 가지고 싶어요 .
① 가지고　② 가지면　③ 가져

(17) 一生懸命仕事する姿が素敵です。
열심히 (　　　　) 모습이 좋아요 .
① 일한　② 일하는　③ 일할

(18) 会社で夜遅くまで働きました。
회사에서 밤 늦게까지 (　　　　) .
① 일해요　② 일하고 싶어요　③ 일했어요

こたえ
(13) ①　(14) ③　(15) ①　(16) ②　(17) ②　(18) ③

(19) 休むこともとても大切です。
( ) 것도 아주 중요해요 .

① 쉬면서 ② 쉬는 ③ 쉬고

(20) もうそろそろ休みたいです。
이제 좀 ( ) 싶어요 .

① 쉬어 ② 쉬는 ③ 쉬고

(21) にこっと笑ってみてください。
활짝 ( ) 보세요 .

① 웃어 ② 웃으면 ③ 웃고

(22) 映画を見ながら泣きました。
영화를 보면서 ( ).

① 울어요 ② 울었어요 ③ 울지 마세요

(23) 写真を撮るのが趣味です。
사진을 ( ) 게 취미예요 .

① 찍는 ② 찍고 ③ 찍으면

(24) 今日は少し休んでもいいですよ。
오늘은 좀 ( ) 괜찮아요 .

① 쉬면서 ② 쉬어도 ③ 쉬어

こたえ
(19) ② (20) ③ (21) ① (22) ② (23) ① (24) ②

ここでおさらい

2　(　　)に単語を活用して書き入れましょう。

(1)　夕食を食べて外に出て見物しましょう。
저녁을 먹고 밖에 (　　　　　) 구경해요 .

hint ▸ 나가다の活用形3＋서

(2)　今出る必要がありません。
지금 (　　　　　) 필요가 없어요 .

hint ▸ 나가다の活用形2＋ㄹ

(3)　ニキビができたので薬を塗りました。
여드름이 (　　　　　) 약을 발랐어요 .

hint ▸ 나다の活用形3＋서

(4)　時間が出来たら一緒に行きましょう。
시간이 (　　　　　) 같이 가요 .

hint ▸ 나다の活用形2＋면

(5)　今日の夜に電話してください。
오늘 저녁에 (　　　　　) 주세요 .

hint ▸ 전화하다の活用形3

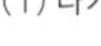

こたえ
(1) 나가서　(2) 나갈　(3) 나서　(4) 나면　(5) 전화해

(6) 今電話しています。
지금 (　　　　　) 있어요 .

hint ▸ 전화하다の活用形1 + 고

(7) 写真を撮ってください。
사진을 좀 (　　　　　) 주세요 .

hint ▸ 찍다の活用形3

(8) この写真は昨日撮った写真です。
이 사진은 어제 (　　　　　) 사진이에요 .

hint ▸ 찍다の活用形2 + ㄴ

(9) 久しぶりに友人たちと大笑いしました。
오래간만에 친구들과 한바탕 (　　　　　).

hint ▸ 웃다の活用形3 + ㅆ어요

(10) 笑っている人は誰ですか?
(　　　　　) 있는 사람은 누구예요 ?

hint ▸ 웃다の活用形1 + 고

こたえ
(6) 전화하고　(7) 찍어　(8) 찍은　(9) 웃었어요　(10) 웃고

ここでおさらい

(11) 悲しそうに泣いています。
슬프게 (　　　　) 있어요 .

hint ▸ 울다の活用形1 + 고

(12) それ以上泣かないでください。
더 이상 (　　　　) 마세요 .

hint ▸ 울다の活用形1 + 지

(13) あそこで待っています。
저기서 (　　　　) 있을게요 .

hint ▸ 기다리다の活用形1 + 고

(14) ちょっと待ってください。
잠깐만 (　　　　) 주세요 .

hint ▸ 기다리다の活用形3

(15) 今日は傘をお持ちください。
오늘은 우산을 (　　　　) 가세요 .

hint ▸ 가지다の活用形1 + 고

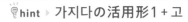

こたえ

(11) 울고　(12) 울지　(13) 기다리고　(14) 기다려　(15) 가지고

(16) これをすべて欲しいです。
이걸 다 (　　　　　) 좋겠어요 .

hint ▶ 가지다の活用形2 + 면

(17) 真面目に働いて社長に認めてもらいました。
착실하게 (　　　　　) 사장님께 인정 받았어요 .

hint ▶ 일하다の活用形3 + 서

(18) せっせと働けば今日中に終わると思います。
부지런히 (　　　　　) 오늘 중으로 마칠 거예요 .

hint ▶ 일하다の活用形2 + 면

(19) 少し休みながら考えてみます。
좀 (　　　　　) 생각해 볼게요 .

hint ▶ 쉬다の活用形2 + 면서

(20) 疲れたので少し休みましょう。
힘드니까 조금 (　　　　　).

hint ▶ 쉬다の活用形3 + 요

こたえ

(16) 가지면　(17) 일해서　(18) 일하면　(19) 쉬면서　(20) 쉬어요

Chapter 1
Chapter 2
Chapter 3

ここでトレーニング

1 次の文を日本語に訳しましょう。 Track 070

(1) 미국에서 살다가 돌아왔어요 . 미국 : アメリカ

(2) 꾸준히 운동을 하면 건강에 좋아요 . 꾸준히 : 着実に、 건강 : 健康

(3) 앉았다가 섰다가 해 보세요 .

(4) 잡채도 만들어 보세요 . 잡채 : チャプチェ

(5) 먹고 마시고 즐겁게 지냈어요 . 즐겁게 : 楽しく

(6) 아직 회화는 잘 못해요 . 회화 : 会話

(7) 밥이 다 된 것 같아요 . 밥 : ご飯

(8) 오늘은 몇 시에 나가면 돼요 ? 오늘 : 今日

(9) 사진을 많이 찍었어요 . 사진 : 写真

(10) 어제 고등학교 동창 모임을 가졌어요 . 동창 모임 : 同窓会

こたえ

(1)アメリカで暮らしていて戻りました。 (2)着実に運動をすれば健康にいいです。
(3)座ったり立ったりしてみてください。 (4)チャプチェもつくってみてください。
(5)食べたり、飲んだりして楽しく過ごしました。 (6)まだ、会話はよくできません。
(7)ご飯が全部できたようです。 (8)今日は何時に出かければいいですか？
(9)写真をたくさん撮りました。 (10)昨日、高校の同窓会を持ちました。

2 音声を参考に、次の文を韓国語に訳しましょう。 Track 071

(1) 両親といっしょにソウルで暮らしています。

(2) 日曜日の朝、宿題と勉強をします。

(3) ベンチに座って話をしています。

(4) 焼き肉が食べたいです。

(5) マッコリと生ビールを飲みたいです。

(6) トッポッキをつくってみました。

(7) 私は歌手になりたいです。

(8) まだ、韓国語がよくできません。

(9) 写真を撮ってください。

(10) 赤ちゃんが笑っています。

こたえ

(1) 부모님과 같이 서울에서 살고 있어요. (2) 일요일 아침에 숙제와 공부를 해요.
(3) 벤치에 앉아서 이야기를 하고 있어요. (4) 불고기를 먹고 싶어요.
(5) 막걸리와 생맥주를 마시고 싶어요. (6) 떡볶이를 만들어 봤어요.
(7) 나는 가수가 되고 싶어요. (8) 아직 한국어를 잘 못해요.
(9) 사진을 찍어 주세요. (10) 아기가 웃고 있어요.

61

動詞

Track 072

공부하다

勉強する

ムンポプト コンブ ヘ ヤ ドゥェ ヨ

문법도 공부해야 돼요 .

文法も　勉強しなければ　なりません。

POINT 「공부하다」は「勉強」という意味の「공부（工夫）」と「하다（する）」でできた言葉です。字面が同じ漢字語でも意味のずれのある言葉は多々あります。「애인（愛人）」は「恋人」、「팔방미인（八方美人）」は「何事にも長けている人」の意味です。

活用形

1 공부하 ＋ ㅂ니다 → 공부합니다（勉強します）

2 공부하 ＋ 니까 → 공부하니까（勉強するから）

3 공부해 ＋ ㅆ어요 → 공부했어요（勉強しました）

「공부하다」の使い方いろいろ

ハッキョエソ コンブハダ

- 학교에서 공부하다（学校で勉強する）

チングワ コンブハダ
- 친구와 공부하다（友達と勉強する）

ヨンオルル コンブハダ
- 영어를 공부하다（英語を勉強する）

ヨルシミ コンブハダ
- 열심히 공부하다（一生懸命勉強する）

62

動詞

Track 073

ノルダ
놀다
遊ぶ、休む

オ ヌルン チュルゴプケ ノラッソヨ
오늘은 즐겁게 놀았어요 .
今日は　楽しく　遊びました。

POINT　「놀다」には「遊ぶ、楽しむ、（金、機械、場所などが）使われないでいる」などの意味があります。また、「노는 시간（休みの時間）」「백화점이 놀다（デパートが定休日で休む）」などのように「（仕事や勉強などをしばらく）休む」という意味もあります。

ㄹ語幹

活用形

1 노 ＋ 는 → 노는（ノヌン）
（遊ぶ～）

2 놀 ＋ 며 → 놀며（ノルミョ）
（遊びながら）

3 놀아 ＋ 요 → 놀아요（ノラヨ）
（遊びます）

「놀다」の使い方いろいろ

- 공원에서 놀다（コンウォネソ ノルダ）（公園で遊ぶ）
- 친구하고 놀다（チングハゴ ノルダ）（友達と遊ぶ）
- 매일 놀다（メイル ノルダ）（毎日遊ぶ/休む）
- 백화점이 놀다（ペクヮジョミ ノルダ）（百貨店が休む）

63

動詞

Track 074

알다（アルダ）

知る、わかる

주소를 알고 있어요.（チュソルル アルゴ イッソヨ）

住所を 知って います。

POINT 日本語では「知る」と「わかる」の使い分けがありますが、韓国語ではいずれも「알다」です。「알다」はㄹ語幹なので、うしろに続く語尾の先頭の音が「ㄴ, ㅂ, ㅅ」のときは、「아는（知っている～）」のように「ㄹ」が脱落します。

ㄹ語幹

活用形

1 아＋는→아는（アヌン）
（知っている～）

2 아＋ㄹ수 있어요→알 수 있어요（アル ス イッソヨ）
（知ることができます）

3 알아＋야 해요→알아야 해요（アラヤ ヘヨ）
（知らなければいけません）

「알다」の使い方いろいろ

- 얼굴을 알다（オルグルル アルダ）（顔を知っている）
- 결과를 알다（キョルグヮルル アルダ）（結果がわかる）
- 영어를 알다（ヨンオルル アルダ）（英語ができる）
- 뜻을 알다（ットゥスル アルダ）（意味がわかる）

64

動詞

Track 075

モ ル ダ

모르다

知らない、わからない

モルミョン ムロ ボセヨ

모르면 물어 보세요.

わからなければ　聞いて　みてください。

POINT　「わかる」は「알다」ですが、韓国語では「わからない」は否定形を使って「안 알다」「알지 않다」とは言わずに「모르다」を使います。「모르다」は「르変則」なので、「아/어」がつく活用形３のときは、「몰라」になります。

르変則

活用形

1　모르 ＋는→모르는（モルヌン）
（知らない～）

2　모르 ＋니까→모르니까（モルニッカ）
（知らないから）

3　몰라 ＋요→몰라요（モルラヨ）
（知りません）

「모르다」の使い方いろいろ

- 길을 모르다（キルル モルダ）（道がわからない）
- 세상을 모르다（セサンウル モルダ）（世の中を知らない）
- 컴퓨터를 모르다（コンピュトルル モルダ）（コンピュータがわからない）
- 실패를 모르다（シルペルル モルダ）（失敗を知らない）

65

動詞

Track 076

외우다（ウェウダ）

覚える、暗唱する

단어를 외웠어요 .（タノルル ウェウォッソヨ）

単語を　覚えました。

POINT

「외우다」には「구구단을 외우다（九九を覚える）」のように「覚える、記憶する」という意味だけでなく、「주문을 외우다（呪文を唱える）」のように、文章を覚え、口に出して暗唱するという意味も含まれています。

活用形

외우 ＋ 지만 → 외우지만（ウェウジマン）
（覚えるけれど）

2 외우 ＋ ㄹ까요 → 외울까요（ウェウルッカヨ）
（覚えましょうか）

（외우어→）외워 ＋ 요 → 외워요（ウェウォヨ）
（覚えます）

「외우다」の使い方いろいろ

- 단어를 외우다（タノルル ウェウダ）（単語を覚える）
- 이름을 외우다（イルムル ウェウダ）（名前を覚える）
- 시를 외우다（シルル ウェウダ）（詩を暗唱する）
- 염불을 외우다（ヨムブルル ウェウダ）（念仏を唱える）

66

動詞

Track 077

イ ッ タ
잊다
忘れる

イジュル ス オプソ ヨ
잊을 수 없어요.
忘れることが　できません。

POINT 「잊다」には、「이름을 잊다（名前を忘れる）」のように「おのずと記憶がなくなる」という意味以外に、「うっかりして物を置いたままにする」という意味もあります。一般的に「잊어버리다（忘れてしまう）」の形で使われることが多いです。

活用形

1 잊 + 고 싶어요 → 잊고 싶어요（イッコ シポヨ）
（忘れたいです）

2 잊으 + ㄹ 수 없어요 → 잊을 수 없어요（イジュル ス オプソ ヨ）
（忘れられないです）

3 잊어 + ㅆ어요 → 잊었어요（イジョッソ ヨ）
（忘れました）

「잊다」の使い方いろいろ

- 번호를 잊다（ボノルル イッタ）（番号を忘れる）
- 가사를 잊다（カサルル イッタ）（歌詞を忘れる）
- 제목을 잊다（チェモグル イッタ）（題名を忘れる）
- 우산을 잊다（ウサヌル イッタ）（傘を忘れる）

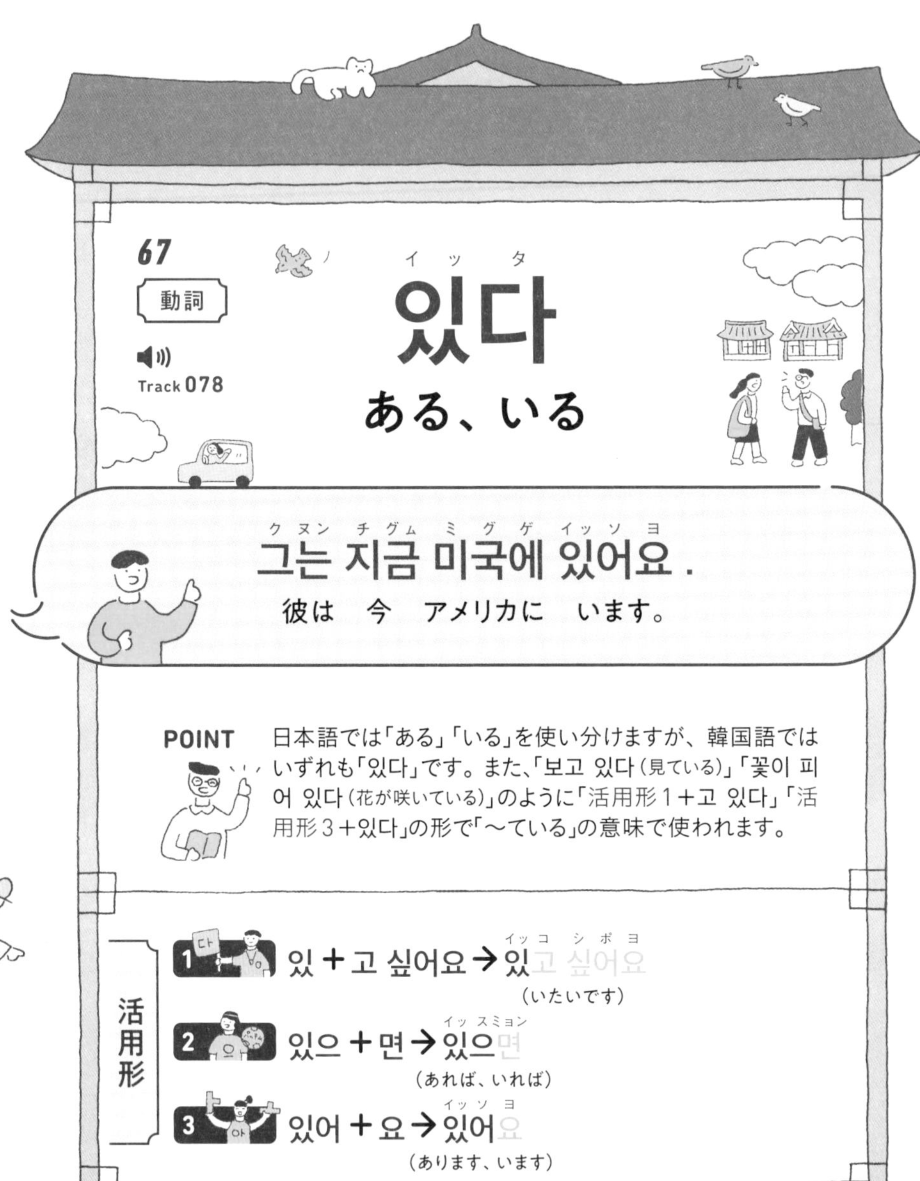

67

動詞

Track 078

있다（イッタ）

ある、いる

그는 지금 미국에 있어요.（クヌン チグム ミグゲ イッソヨ）

彼は 今 アメリカに います。

POINT 日本語では「ある」「いる」を使い分けますが、韓国語ではいずれも「있다」です。また、「보고 있다（見ている）」「꽃이 피어 있다（花が咲いている）」のように「活用形１＋고 있다」「活用形３＋있다」の形で「〜ている」の意味で使われます。

活用形

1 있＋고 싶어요→있고 싶어요（イッコ シポヨ）
（いたいです）

2 있으＋면→있으면（イッスミョン）
（あれば、いれば）

3 있어＋요→있어요（イッソヨ）
（あります、います）

「있다」の使い方いろいろ

- 편의점에 있다（ピョニジョメ イッタ）（コンビニにある）
- 딸이 있다（ッタリ イッタ）（娘がいる）
- 숙제가 있다（スクチェガ イッタ）（宿題がある）
- 생각이 있다（センガギ イッタ）（考えがある）

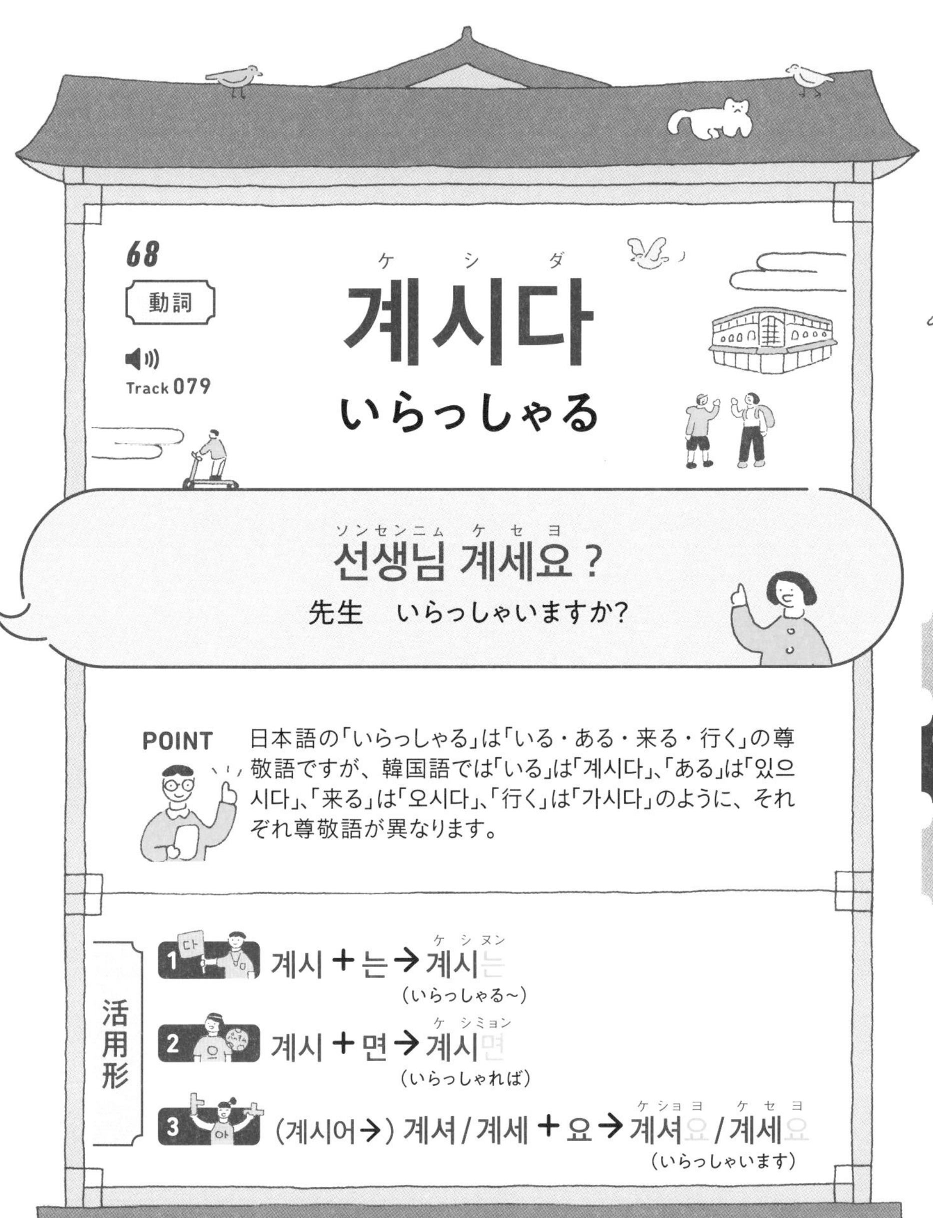

68

動詞

Track 079

계시다（ケシダ）

いらっしゃる

선생님 계세요？（ソンセンニム ケセヨ）

先生　いらっしゃいますか?

POINT 日本語の「いらっしゃる」は「いる・ある・来る・行く」の尊敬語ですが、韓国語では「いる」は「계시다」、「ある」は「있으시다」、「来る」は「오시다」、「行く」は「가시다」のように、それぞれ尊敬語が異なります。

活用形

1. 계시 ＋ 는 → 계시는（ケシヌン）（いらっしゃる～）
2. 계시 ＋ 면 → 계시면（ケシミョン）（いらっしゃれば）
3. （계시어→）계셔 / 계세 ＋ 요 → 계셔요 / 계세요（ケショヨ　ケセヨ）（いらっしゃいます）

「계시다」の使い方いろいろ

- 부모님이 계시다（プモニミ ケシダ）（両親がいらっしゃる）
- 사장으로 계시다（サジャンウロ ケシダ）（社長でいらっしゃる）
- 고향에 계시다（コヒャンエ ケシダ）（故郷にいらっしゃる）
- 건강하게 계시다（コンガンハゲ ケシダ）（元気でいらっしゃる）

69

動詞

Track 080

부르다（プルダ）

歌う、呼ぶ

한국 노래를 부르고 싶어요 .（ハングク ノレルル プルゴ シポヨ）

韓国の　歌を　歌いたいです。

POINT

「부르다」には「歌を歌う」「名前を呼ぶ」「出席を取る」などの意味があります。また、形容詞の場合、「배가 부르다」のように「お腹がいっぱいだ、満腹だ」という意味があります。

르変則

活用形

1 부르 ＋ 는 → 부르는（プルヌン）（歌う～）

2 부르 ＋ 면 → 부르면（プルミョン）（歌えば）

3 불러 ＋ 요 → 불러요（プルロヨ）（歌います）

「부르다」の使い方いろいろ

- 노래를 부르다（ノレルル プルダ）（歌を歌う）
- 이름을 부르다（イルムル プルダ）（名前を呼ぶ）
- 번호를 부르다（ポノルル プルダ）（番号を呼ぶ）
- 택시를 부르다（テクシルル プルダ）（タクシーを呼ぶ）

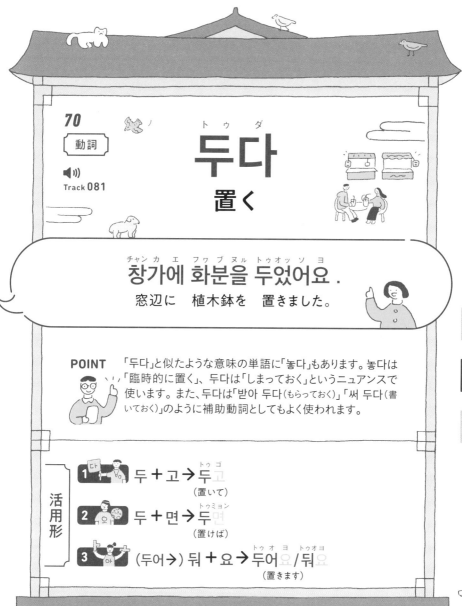

70

動詞

Track 081

두다
トゥダ

置く

창가에 화분을 두었어요 .
チャンカエ フワブヌル トゥオッソヨ

窓辺に 植木鉢を 置きました。

POINT 「두다」と似たような意味の単語に「놓다」もあります。놓다は「臨時的に置く」、두다は「しまっておく」というニュアンスで使います。また、두다は「받아 두다(もらっておく)」「써 두다(書いておく)」のように補助動詞としてもよく使われます。

活用形

1. 두＋고→두고（トゥゴ）(置いて)
2. 두＋면→두면（トゥミョン）(置けば)
3. (두어→) 둬＋요→두어요/둬요（トゥオヨ／トゥオヨ）(置きます)

「두다」の使い方いろいろ

- 방에 두다（パンエ トゥダ）(部屋に置く)
- 거리를 두다（コリルル トゥダ）(距離を置く)
- 시간을 두다（シガヌル トゥダ）(時間を置く)
- 바둑을 두다（パドゥグル トゥダ）(碁を打つ)

ここでおさらい

1　3つの中から正しいと思うものを選びましょう。

(1) 一生懸命に勉強しました。
열심히 (　　　　　).
① 공부해요　② 공부했어요　③ 공부하고 싶어요

(2) これからも勉強したいです。
앞으로도 (　　　　　) 싶어요.
① 공부하면서　② 공부하고　③ 공부하니까

(3) 子供たちはたくさん遊んでも大丈夫です。
어린이들은 많이 (　　　　　) 돼요.
① 놀아도　② 놀면서　③ 놀고

(4) 楽しく遊ぶのも大切です。
즐겁게 (　　　　　) 것도 중요해요.
① 놀고　② 놀면서　③ 노는

(5) その事実を知っています。
그 사실을 (　　　　　) 있어요.
① 알고　② 알면서　③ 아는

(6) あの人の考えは理解できません。
그 사람 생각은 (　　　　　) 수 없어요.
① 아는　② 알면서　③ 알

こたえ
(1) ②　(2) ②　(3) ①　(4) ③　(5) ①　(6) ③

(7) あの俳優はまったくわからない人です。
저 배우는 전혀 (　　　　) 사람이에요 .

① 모르는　② 모르니까　③ 몰라서

(8) その内容はよくわかりません。
그 내용은 잘 (　　　　) .

① 모르다　② 몰라요　③ 몰랐어요

(9) 単語を覚えるのが大切です。
단어를 (　　　　) 게 중요해요 .

① 외우는　② 외워　③ 외우면

(10) ドラマのセリフを覚えてみてください。
드라마 대사를 (　　　　) 보세요 .

① 외우고　② 외우는　③ 외워

(11) 名前を忘れないでください。
이름을 (　　　　) 마세요 .

① 잊지　② 잊고　③ 잊어

(12) 彼女を忘れることができません。
그녀를 (　　　　) 수 없어요 .

① 잊는　② 잊고　③ 잊을

こたえ
(7) ①　(8) ②　(9) ①　(10) ③　(11) ①　(12) ③

ここでおさらい

(13) 時間があれば一緒に会いたいです。
시간이 (　　　　) 같이 만나고 싶어요 .
① 있고　② 있어　③ 있으면

(14) ソウルにもう少しいたいです。
서울에 좀 더 (　　　　) 싶어요 .
① 있고　② 있으니까　③ 있어도

(15) 先生は今日お宅にいらっしゃいませんか?
선생님은 오늘 댁에 안 (　　　　) ?
① 계세요　② 계셨어요　③ 계시고

(16) 研究室にいらっしゃる時間を教えてください。
연구실에 (　　　　) 시간을 가르쳐 주세요 .
① 계시면　② 계시고　③ 계시는

(17) K-POPを歌いながら踊っています。
K-POP을 (　　　　) 춤을 추고 있어요 .
① 부르면　② 부르면서　③ 부르는

(18) 先生が学生の名前を呼びます。
선생님께서 학생들 이름을 (　　　　).
① 불러요　② 부르면　③ 부르고

こたえ
(13) ③　(14) ①　(15) ①　(16) ③　(17) ②　(18) ①

(19) 机はここに置けばいいです。
책상은 여기에 (　　　　) 돼요 .
① 두면　② 두고　③ 두어서

(20) キムチを冷蔵庫に入れておきました。
김치를 냉장고에 넣어 (　　　　) .
① 두어요　② 두었어요　③ 두고 싶어요

(21) 愛情がたくさんあればいいでしょうね。
애정이 많이 (　　　　) 좋겠어요 .
① 있으니까　② 있으면　③ 있고

(22) その単語の意味を知っています。
그 단어의 뜻을 (　　　　) 있어요 .
① 아니까　② 아는　③ 알고

(23) わからないことがあれば聞いてみてください。
(　　　　) 게 있으면 물어 보세요 .
① 모르는　② 모르고　③ 몰라서

(24) 今日は百貨店が休みの日です。
오늘은 백화점이 (　　　　) 날이에요 .
① 놀고　② 놀면서　③ 노는

こたえ
(19) ①　(20) ②　(21) ②　(22) ③　(23) ①　(24) ③

ここでおさらい

2 ( )に単語を活用して書き入れましょう。

(1) 韓国語も勉強したいです。
한국어도 ( ) 싶어요 .

hint 공부하다の活用形1 + 고

(2) 勉強してもよくわかりません。
( ) 모르겠어요 .

hint 공부하다の活用形3 + 도

(3) 友達といっしょに遊ぶので楽しいです。
친구랑 같이 ( ) 재미있어요 .

hint 놀다の活用形2 + 니까

(4) あとで一緒に遊びましょう。
이따가 같이 ( ).

hint 놀다の活用形3 + 요

(5) 旅行先を知っていますか?
여행 갈 곳을 ( ) ?

hint 알다の活用形2 + 세요

こたえ

(1) 공부하고 (2) 공부해도 (3) 노니까 (4) 놀아요 (5) 아세요

(6) 渡り鳥について調べてみてください。
철새에 대해 (　　　　　) 보세요 .

hint　알다の活用形3

(7) こんなに素敵な人だとは知りませんでした。
이렇게 멋진 사람인 줄 (　　　　　).

hint　모르다の活用形3 + ㅆ어요

(8) よく知らないことを聞いてみました。
잘 (　　　　　) 것을 물어 봤어요 .

hint　모르다の活用形1 + 는

(9) ユン・ドンジュの詩を暗記しています。
윤동주의 시를 (　　　　　) 있어요 .

hint　외우다の活用形1 + 고

(10) 根気よく単語を覚えてみてください。
꾸준히 단어를 (　　　　　) 보세요 .

hint　외우다の活用形3

こたえ

(6) 알아　(7) 몰랐어요　(8) 모르는　(9) 외우고　(10) 외워

ここでおさらい

(11) 私の名前を忘れないでください。
내 이름을 (　　　　) 마세요 .

hint　잊다の活用形1＋지

(12) 電話番号を忘れてしまいました。
전화번호를 (　　　　) 버렸어요 .

hint　잊다の活用形3

(13) 時間があるなら一緒に行きましょうか?
시간이 (　　　　) 같이 갈래요 ?

hint　있다の活用形2＋면

(14) ほかの約束があるので今日は行けません。
다른 약속이 (　　　　) 오늘은 못 가요 .

hint　있다の活用形3＋서

(15) 社長は今、 会社にいらっしゃいます。
사장님은 지금 회사에 (　　　　) .

hint　계시다の活用形3＋요

こたえ

(11) 잊지　(12) 잊어　(13) 있으면　(14) 있어서　(15) 계세요

(16) いらっしゃる場所を教えてください。
(　　　) 곳을 가르쳐 주세요 .

hint　계시다の活用形2 + 는

(17) 名前を呼んでいます。
이름을 (　　　) 있어요 .

hint　부르다の活用形1 + 고

(18) 韓国の歌を歌ってみます。
한국노래를 (　　　) 볼게요 .

hint　부르다の活用形3

(19) この荷物はどこに置けばいいでしょうか?
이 짐은 어디에 (　　　) 좋을까요 ?

hint　두다の活用形2 + 면

(20) この植木鉢はここに置いてもいいですか?
이 화분은 여기에 (　　　) 돼요 ?

hint　두다の活用形3 + 도

こたえ
(16) 계시는　(17) 부르고　(18) 불러　(19) 두면　(20) 두어도

Chapter 1
Chapter 2
Chapter 3

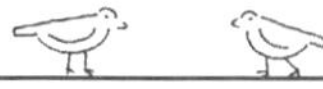

ここでトレーニング

1 次の文を日本語に訳しましょう。 Track 082

(1) 열심히 공부해야 해요 . 열심히 : 一生懸命

(2) 오늘은 백화점이 노는 날이에요 . 오늘 : 今日、백화점 : 百貨店

(3) 주소를 알면 가르쳐 주세요 . 주소 : 住所

(4) 단어를 외워 보세요 . 단어 : 単語

(5) 아직까지 그녀의 마음을 잘 몰라요 . 아직까지 : まだ

(6) 약속을 깜빡 잊었어요 . 깜빡 : うっかり

(7) 딸 둘에 아들 하나가 있어요 . 딸 : 娘、아들 : 息子

(8) 지금 선생님은 학교에 안 계세요 . 지금 : 今、학교 : 学校

(9) 수업 시간에 이름을 불렀어요 . 수업 : 授業、이름 : 名前

(10) 트렁크는 여기에 두면 돼요 . 트렁크 : トランク

こたえ

(1) 一生懸命に勉強しなければなりません。 (2) 今日はデパートの休みの日です。
(3) 住所を知っていれば教えてください。 (4) 単語を覚えてみてください。
(5) まだ、彼女の気持ちがよくわかりません。 (6) 約束をうっかり忘れました。
(7) 娘2人に息子が1人います。 (8) 今、先生は学校にいらっしゃいません。
(9) 授業の時間に名前を呼びました。 (10) トランクはここに置けばいいです。

2 音声を参考に、次の文を韓国語に訳しましょう。 Track 083

(1) 学校の図書館で勉強しました。

(2) 公園で友達といっしょに遊びました。

(3) もうちょっと文法も知らなければなりません。

(4) 場所がよくわからなくて聞きました。

(5) 名前をよく覚えられません。

(6) 電話番号を忘れてしまいました。

(7) このコンビニにはおいしいパンが多いです。

(8) 先生は今、どこにいらっしゃいますか?

(9) 韓国の歌も歌ってみてください。

(10) 財布を家に置いて出かけました。

こたえ

(1) 학교 도서관에서 공부했어요. (2) 공원에서 친구와 같이 놀았어요.
(3) 좀 더 문법도 알아야 해요. (4) 장소를 잘 몰라서 물었어요.
(5) 이름을 잘 못 외워요. (6) 전화번호를 잊어버렸어요.
(7) 이 편의점에는 맛있는 빵이 많아요. (8) 선생님은 지금 어디에 계세요?
(9) 한국 노래도 불러 보세요. (10) 지갑을 집에 두고 나갔어요.

Chapter 1
Chapter 2
Chapter 3

韓国の顔文字と略語

韓国でも日本と同じく、SNSやメール、テキストメッセージ、チャットなどでよく使われる顔文字と略語があります。とくに顔文字は、ハングルの子音文字や母音文字で構成されていることも多いです。覚えておいて、ぜひ使ってみてください。

●子音を使った顔文字と略語

顔文字	元の語と意味
ㅋㅋㅋ ㅎㅎㅎ	笑い
ㅜㅜ ㅠㅠ	泣き顔
ㅇㅇ	「응응」うんうん

顔文字	元の語と意味
ㄱㅅ	「감사」ありがとう
ㅅㄱ	「수고」おつかれ
ㅊㅋ	「축하⇒추카」 おめでとう

●よく使う略語

略語	元の語と意味
ナムチン 남친	彼氏 「남자（男子）＋ 친구（親旧）」
センオル 생얼	すっぴん 「생（生）＋얼굴（顔）」
チメク 치맥	チキンとビール 「치킨＋ 맥주（麦酒）」
インサ 인싸	インサイダー、 人気者 「인사이더」
カソンビ 가성비	コストパフォーマンス 「가격 대비 성능 （価格対比性能）」

略語	元の語と意味
ヨチン 여친	彼女 「여자＋친구（親旧）」
センソン 생선	誕生日プレゼント 「생일（生日）＋ 선물（膳物）」
シンサン 신상	新商品 「신상품（新商品）」
モムチ 몸치	運動音痴、 ダンス音痴 「몸（体）＋음치（音痴）」
ウップン 웃픈	笑えるけど悲しい 「웃기다（笑わせる）＋ 슬프다（悲しい）」

Chapter 3

きほんの形容詞

自分の気持ちを韓国語で伝えるためには、形容詞の語彙力や活用もかかせません。ここでは、厳選した30の形容詞を紹介しています。初心者なら、たくさん覚える必要はありません。会話によく出てくる形容詞を中心に覚えましょう。韓国旅行をしたときや韓国ドラマを見ているときに、どれもよく登場する単語ばかりです。

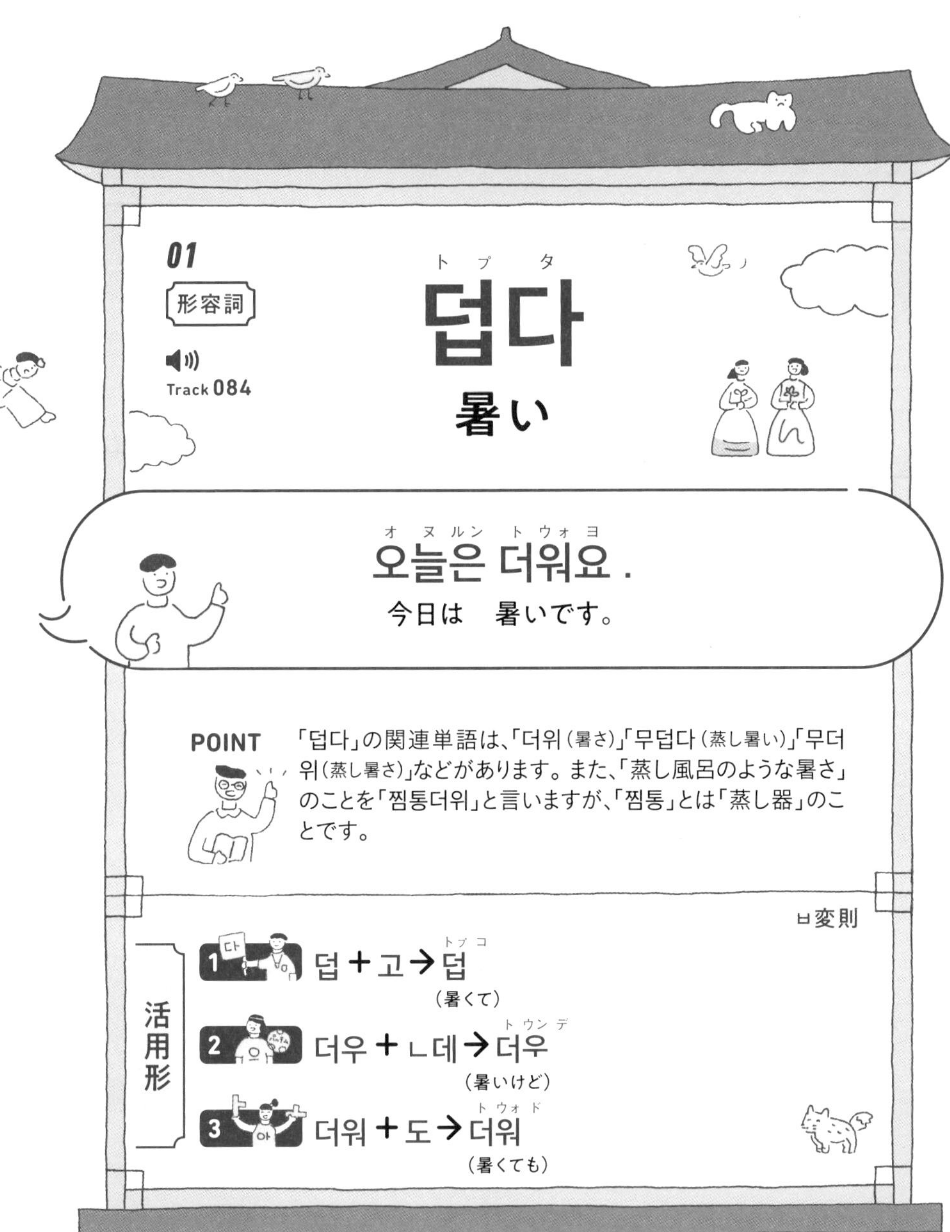

01

形容詞

Track 084

トプタ
덥다
暑い

オヌルン トウォヨ
오늘은 더워요 .
今日は　暑いです。

POINT 「덥다」の関連単語は、「더위（暑さ）」「무덥다（蒸し暑い）」「무더위（蒸し暑さ）」などがあります。また、「蒸し風呂のような暑さ」のことを「찜통더위」と言いますが、「찜통」とは「蒸し器」のことです。

ㅂ変則

活用形

1 덥 ＋ 고 → 덥（トプコ）
（暑くて）

2 더우 ＋ ㄴ데 → 더우（トウンデ）
（暑いけど）

3 더워 ＋ 도 → 더워（トウォド）
（暑くても）

「덥다」の使い方いろいろ

날씨가 덥다（ナルッシガ トプタ）（天気が暑い）

방이 덥다（パンイ トプタ）（部屋が暑い）

여름이 덥다（ヨルミ トプタ）（夏が暑い）

너무 덥다（ノム トプタ）（暑すぎる）

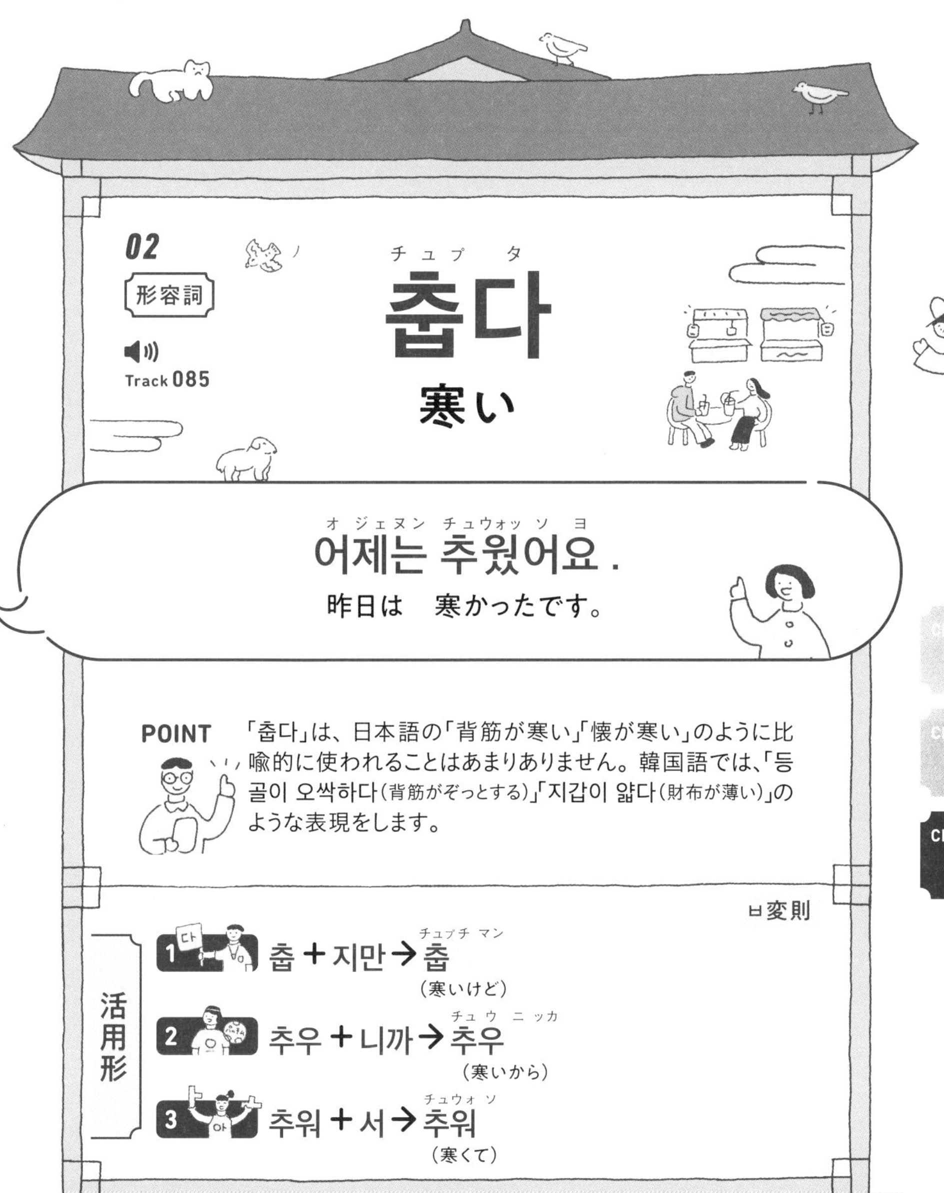

02

形容詞

Track 085

チュプ　タ
춥다
寒い

オ ジェヌン　チュウォッ ソ　ヨ
어제는 추웠어요 .
昨日は　寒かったです。

POINT 「춥다」は、日本語の「背筋が寒い」「懐が寒い」のように比喩的に使われることはあまりありません。韓国語では、「등골이 오싹하다(背筋がぞっとする)」「지갑이 얇다(財布が薄い)」のような表現をします。

活用形　ㅂ変則

1 춥 ＋ 지만 → 춥（チュプチ マン）
（寒いけど）

2 추우 ＋ 니까 → 추우（チュウ ニッカ）
（寒いから）

3 추워 ＋ 서 → 추워（チュウォ ソ）
（寒くて）

「춥다」の使い方いろいろ

날씨가 춥다（ナルッシガ チュプタ）(天気が寒い)
실내가 춥다（シルレガ チュプタ）(室内が寒い)
겨울은 춥다（キョウルン チュプタ）(冬は寒い)
새벽은 춥다（セビョグン チュプタ）(明け方は寒い)

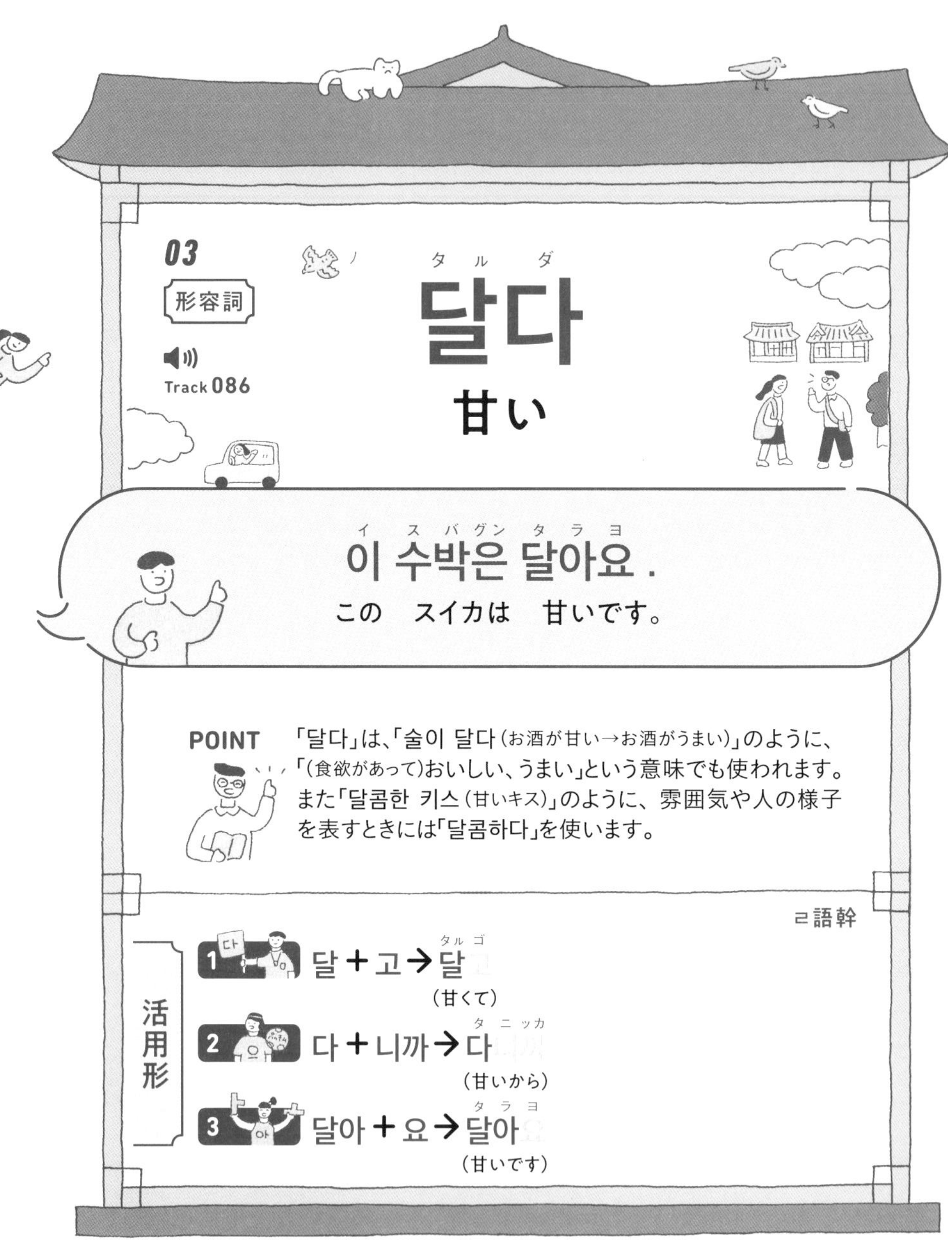

03

形容詞

Track 086

달다（タルダ）

甘い

이 수박은 달아요.（イ スバグン タラヨ）

この　スイカは　甘いです。

POINT　「달다」は、「술이 달다（お酒が甘い→お酒がうまい）」のように、「（食欲があって）おいしい、うまい」という意味でも使われます。また「달콤한 키스（甘いキス）」のように、雰囲気や人の様子を表すときには「달콤하다」を使います。

ㄹ語幹

活用形

1 달 + 고 → 달고（タルゴ）（甘くて）

2 다 + 니까 → 다니까（タニッカ）（甘いから）

3 달아 + 요 → 달아요（タラヨ）（甘いです）

「달다」の使い方いろいろ

사탕이 달다（サタンイ タルダ）（あめが甘い）

꿀이 달다（ックリ タルダ）（はちみつが甘い）

맛이 달다（マシ タルダ）（味が甘い）

밥이 달다（パビ タルダ）（ご飯が甘い→ご飯がおいしい）

04

形容詞

Track 087

맵다（メプタ）

辛い

이 김치는 매워요 .（イ キムチヌン メウォヨ）

この キムチは 辛いです。

POINT

「맵다」は「辛い」のほかに、「(性格や目つきなどが)きつい、険しい」「(煙りなどが目にしみて)痛い」「(寒さなどが)激しい、厳しい」など、さまざまな意味があります。

活用形

ㅂ変則

1 맵 + 고 → 맵（メプコ）
(辛くて)

2 매우 + ㄹ → 매우（メウル）
(辛い~)

3 매워 + ㅆ어요 → 매워（メウォッソヨ）
(辛かったです)

「맵다」の使い方いろいろ

고추가 맵다（コチュガ メプタ）(トウガラシが辛い)

연기가 맵다（ヨンギガ メプタ）(煙が辛い→煙たい)

눈초리가 맵다（ヌンチョリガ メプタ）

(目つきが辛い→目つきがきつい)

날씨가 맵다（ナルッシガ メプタ）(天気が辛い→とても寒い)

05

形容詞

Track 088

싫다（シルタ）

いやだ、 嫌いだ

겨울은 싫어요.（キョウルン シロヨ）

冬は　嫌いです。

POINT 「싫다」は、「가기 싫다（行きたくない）」「먹기 싫다（食べたくない）」のように、「活用形1＋기 싫다（～したくない、～するのがいやだ）」の形で使われることも多いです。また、同じような意味で「いやがる、嫌う」は「싫어하다」と言います。

活用形

1 싫 ＋ 죠 → 싫（シルチョ）
（嫌いでしょ）

2 싫으 ＋ ㄴ데 → 싫으（シルンデ）
（いやなんだけど）

3 싫어 ＋ 서 → 싫어（シロソ）
（嫌いだから）

「싫다」の使い方いろいろ

여름은 싫다（ヨルムン シルタ）（夏は嫌いだ）

햄버거가 싫다（ヘムボゴガ シルタ）（ハンバーガーが嫌いだ）

도시가 싫다（トシガ シルタ）（都市が嫌いだ）

그 나라는 싫다（ク ナラヌン シルタ）（あの国は嫌いだ）

06

形容詞

Track 089

기쁘다（キップダ）

うれしい

마음이 기뻐요.（マウミ キッポヨ）

気持ちが　うれしいです。

POINT　「기쁘다」の関連単語に名詞形の「기쁨（うれしさ、喜び）」があります。「기쁘다」は語幹の最後の母音に「ー」がある「으変則」の単語なので、活用形３のとき、「ー」が「아 / 어」と合体して「ㅓ/ㅏ」に変わり「기뻐」になります。

으変則

活用形

1　기쁘 ＋ 지만 → 기쁘지만（キップジマン）（うれしいけど）

2　기쁘 ＋ 면 → 기쁘면（キップミョン）（うれしければ）

3　기뻐 ＋ ㅆ어요 → 기뻤어요（キッポッソヨ）（うれしかったです）

「기쁘다」の使い方いろいろ

오늘은 기쁘다（オヌルン キップダ）（今日はうれしい）

소식이 기쁘다（ソシギ キップダ）（知らせがうれしい）

취직해서 기쁘다（チュィジケソ キップダ）（就職できてうれしい）

만나서 기쁘다（マンナソ キップダ）（会えてうれしい）

07

形容詞

Track 090

맛있다（マシッタ）

おいしい

이 김치는 맛있어요 .（イ キムチヌン マシッソヨ）

この　キムチは　おいしいです。

POINT

「맛있다」は、「맛이 있다（味がある）」から助詞の「이」が省略されてできた言葉で、逆の意味の「おいしくない、まずい」は「맛없다」と表現します。韓国では食堂などで、お客さんに「맛있게 드세요!（おいしく召し上がってください）」と声をかけます。

活用形

1 맛있 ＋고→맛있（マシッコ）
（おいしくて）

2 맛있으 ＋니까→맛있으（マシッス ニッカ）
（おいしいので）

3 맛있어 ＋서→맛있어（マシッソ ソ）
（おいしいから）

「맛있다」の使い方いろいろ

음식이 맛있다（ウムシギ マシッタ）（料理がおいしい）

반찬이 맛있다（パンチャニ マシッタ）（おかずがおいしい）

과일이 맛있다（クワイリ マシッタ）（くだものがおいしい）

맛있게 굽다（マシッケ クプタ）（おいしく焼く）

08

形容詞

Track 091

배고프다（ペゴプダ）

お腹がすいている

지금 좀 배고파요.（チグム チョム ペゴパヨ）

今、 ちょっと お腹がすいています。

POINT

「배고프다」は、「배가 고프다（お腹がすく）」から助詞の「가」を省略してできた言葉です。関連単語に、「배부르다（お腹がいっぱいだ）」「배가 안 고프다（お腹がすいていない）」などがあります。

으変則

活用形

1 배고프 + 고 → 배고프（ペゴプゴ）
（お腹がすいており）

2 배고프 + 면 → 배고프（ペゴプミョン）
（お腹がすいていれば）

3 배고파 + 요 → 배고파（ペゴパヨ）
（お腹がすいています）

「배고프다」の使い方いろいろ

지금 배고프다（チグム ペゴプダ）（今、お腹がすいている）　　많이 배고프다（マニ ペゴプダ）（たくさんお腹がすいている）

늘 배고프다（ヌル ペゴプダ）（いつもお腹がすいている）　　벌써 배고프다（ポルッソ ペゴプダ）（もうお腹がすいている）

09

形容詞

Track 092

많다（マンタ）

多い

숙제가 많아요 .（スクチェガ マナヨ）

宿題が　多いです。

POINT 「많다」には､「정이 많다（情が多い→情が深い）」「나이가 많다（歳が多い→歳を取っている）」「말이 많다（言葉が多い→文句が多い）」「욕심이 많다（欲が多い→欲が深い）」などのように、慣用表現がたくさんあります。

活用形

1 많＋겠어요→많（マンケッソヨ）
（多そうです）

2 많으＋니까→많으（マヌニッカ）
（多いから）

3 많아＋요→많아（マナヨ）
（多いです）

「많다」の使い方いろいろ

돈이 많다（トニ マンタ）（お金が多い）　　시간이 많다（シガニ マンタ）（時間が多い）

고민이 많다（コミニ マンタ）（悩みが多い）　　친구가 많다（チングガ マンタ）（友達が多い）

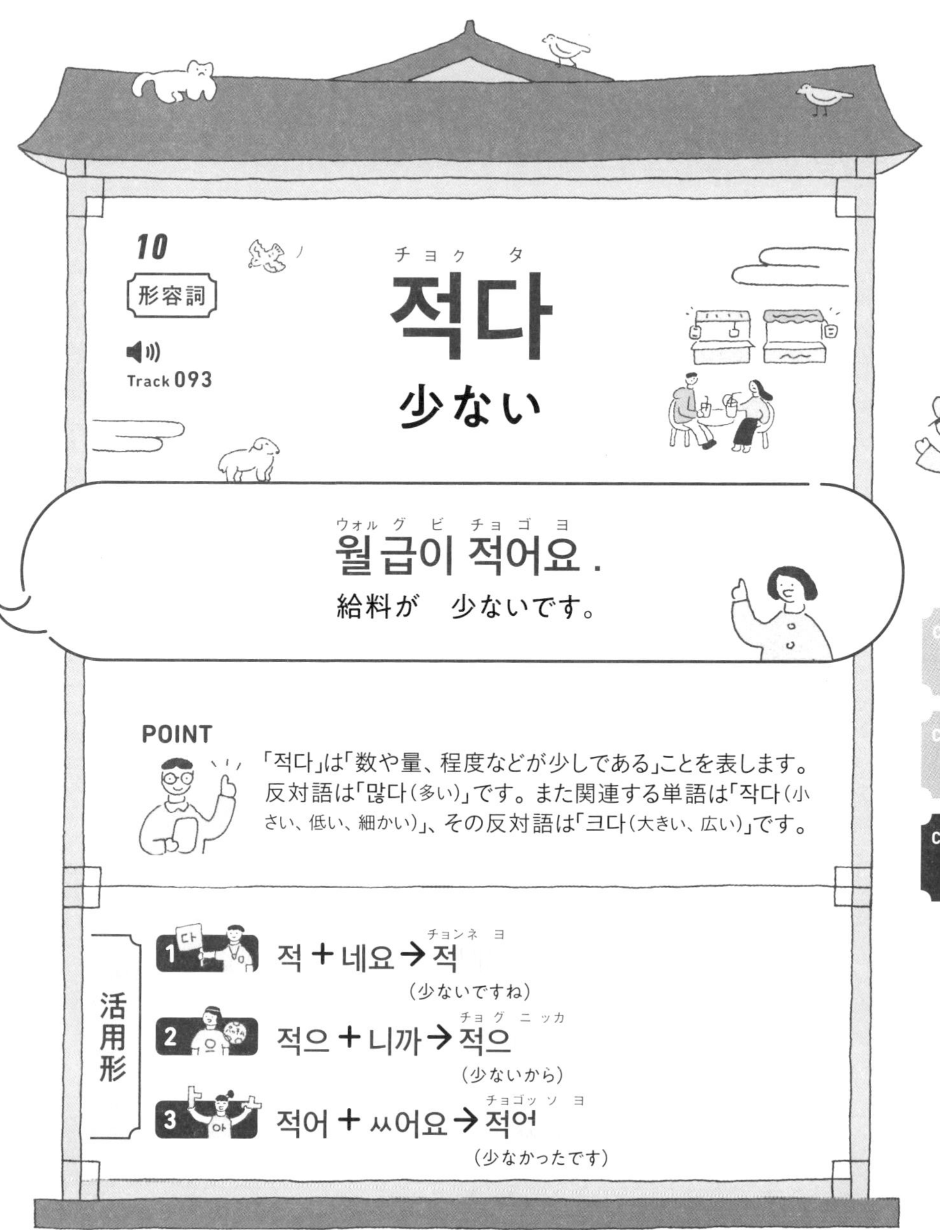

10

形容詞

Track 093

적다（チョクタ）

少ない

월급이 적어요 .（ウォルグビ チョゴヨ）

給料が　少ないです。

POINT

「적다」は「数や量、程度などが少しである」ことを表します。反対語は「많다（多い）」です。また関連する単語は「작다（小さい、低い、細かい）」、その反対語は「크다（大きい、広い）」です。

活用形

1 적 ＋ 네요 → 적（チョンネヨ）
（少ないですね）

2 적으 ＋ 니까 → 적으（チョグニッカ）
（少ないから）

3 적어 ＋ ㅆ어요 → 적어（チョゴッソヨ）
（少なかったです）

「적다」の使い方いろいろ

양이 적다（ヤンイ チョクタ）（量が少ない）　　기회가 적다（キフェガ チョクタ）（機会が少ない）

피해가 적다（ピヘガ チョクタ）（被害が少ない）　　적게 먹다（チョッケ モクタ）（少なめに食べる）

ここでおさらい

1 3つの中から正しいと思うものを選びましょう。

(1) 秋も暑いときがあります。
가을에도 (　　　　) 때가 있어요 .
① 더워　② 더울　③ 덥고

(2) 暑いので薄着しました。
(　　　　) 옷을 얇게 입었어요 .
① 덥고　② 더우면　③ 더워서

(3) 寒いなら温かい服を着てください。
(　　　　) 옷을 따뜻하게 입으세요 .
① 춥고　② 추워서　③ 추우면

(4) 寒すぎて山に行けませんでした。
너무 (　　　　) 산에 못 갔어요 .
① 추워서　② 추우면　③ 춥고

(5) このイチゴは甘くておいしいです。
이 딸기는 (　　　　) 맛있어요 .
① 달고　② 달면　③ 다니까

(6) このジュースは甘すぎて飲めそうにありません。
이 주스는 너무 (　　　　) 못 먹겠어요 .
① 달고　② 달아서　③ 달면

こたえ
(1) ②　(2) ③　(3) ③　(4) ①　(5) ①　(6) ②

(7) 辛い食べ物も得意です。
( ) 음식도 잘 먹어요 .

① 매운 ② 매우면 ③ 맵고

(8) この地域の食べ物は少し辛くてしょっぱいです。
이 지역 음식은 좀 ( ) 짜요 .

① 매워서 ② 맵고 ③ 매우니까

(9) いやでも一度会ってみてください。
( ) 한 번 만나 보세요 .

① 싫어도 ② 싫으니까 ③ 싫고

(10) いやなら行かなくてもいいです。
( ) 안 가도 돼요 .

① 싫어도 ② 싫고 ③ 싫으면

(11) 今日はとてもうれしい日です。
오늘은 참 ( ) 날이에요 .

① 기쁜 ② 기뻐서 ③ 기쁘고

(12) 花をプレゼントされてうれしかったです。
꽃을 선물 받아 ( ).

① 기뻐요 ② 기뻤어요 ③ 기쁘네요

こたえ
(7) ① (8) ② (9) ① (10) ③ (11) ① (12) ②

Chapter 1
Chapter 2
Chapter 3

(13) このおかずはおいしくて健康にもよいです。
이 반찬은 (　　　　) 건강에도 좋아요 .
① 맛있는　② 맛있고　③ 맛있으면

(14) その店のカルビは本当においしいです。
그집 갈비는 정말 (　　　　).
① 맛있어요　② 맛있었어요　③ 맛있고

(15) お腹がすいていたら何でもおいしいです。
(　　　　) 다 맛있어요 .
① 배고픈　② 배고프면　③ 배고프고

(16) お腹がすいて死にそうです。
(　　　　) 죽겠어요 .
① 배고픈　② 배고프면　③ 배고파서

(17) 今日は宿題がかなり多い気がします。
오늘은 숙제가 참 (　　　　) 것 같아요 .
① 많아서　② 많고　③ 많은

(18) 多すぎて全部食べられません。
너무 (　　　　) 다 못 먹어요 .
① 많고　② 많아서　③ 많은

こたえ
(13) ②　(14) ①　(15) ②　(16) ③　(17) ③　(18) ②

(19) 今年は雨が少なくて困ります。
올해는 비가 (　　　　　) 곤란해요 .

① 적어서　② 적은　③ 적으면

(20) 給料は少ないですが、仕事は面白いです。
월급은 (　　　　　) 일은 재미있어요 .

① 적고　② 적어서　③ 적지만

(21) 天気が少し暑くても大丈夫です。
날씨가 좀 (　　　　　) 괜찮아요 .

① 더워도　② 더우면　③ 덥고

(22) このキムチは辛いから食べられそうにありません。
이 김치는 (　　　　　) 잘 못 먹겠어요 .

① 맵고　② 매워서　③ 매운

(23) 多すぎるなら残しても大丈夫です。
너무 (　　　　　) 남겨도 괜찮아요 .

① 많아서　② 많으면　③ 많고

(24) まだ、インスタのフォロワー数が少ないです。
아직 인스타 팔로워 수가 (　　　　　).

① 적어요　② 적으면　③ 적어도

こたえ
(19) ①　(20) ③　(21) ①　(22) ②　(23) ②　(24) ①

ここでおさらい

2 ( )に単語を活用して書き入れましょう。

(1) 部屋が少し暑い気がします。
방이 좀 ( ) 것 같아요 .

hint 덥다の活用形2 + ㄴ

(2) 今日は暑くありません。
오늘은 ( ) 않아요 .

hint 덥다の活用形1 + 지

(3) 今日は寒いですが、 行ってみたいです。
오늘은 ( ) 가 보고 싶어요 .

hint 춥다の活用形1 + 지만

(4) ソウルは東京より寒いです。
서울은 도쿄보다 더 ( ).

hint 춥다の活用形3 + 요

(5) 甘いチョコレートが食べたいです。
( ) 초컬릿을 먹고 싶어요 .

hint 달다の活用形2 + ㄴ

こたえ

(1) 더운 (2) 덥지 (3) 춥지만 (4) 추워요 (5) 단

(6) 甘すぎて嫌です。
너무 (   ) 싫어요 .

hint 달다の活用形3 + 서

(7) そのメウンタンはちょっと辛い気がします。
그 매운탕은 좀 (   ) 거 같아요 .

hint 맵다の活用形2 + ㄴ

(8) この唐辛子は辛くありません。
이 고추는 (   ) 않아요 .

hint 맵다の活用形1 + 지

(9) 私はたばこの煙が嫌いです。
저는 담배 연기가 (   ).

hint 싫다の活用形3 + 요

(10) 食べたくない食べ物は何ですか?
먹기 (   ) 음식이 뭐예요 ?

hint 싫다の活用形2 + ㄴ

こたえ
(6) 달아서 (7) 매운 (8) 맵지 (9) 싫어요 (10) 싫은

ここでおさらい

(11) うれしい知らせを聞きました。
(　　　　) 소식을 들었어요 .

hint　기쁘다の活用形2＋ㄴ

(12) お客さんがたくさん来てうれしいです。
손님이 많이 와서 (　　　　).

hint　기쁘다の活用形3＋요

(13) おいしいケーキが多いです。
(　　　　) 케이크가 많아요 .

hint　맛있다の活用形1＋는

(14) 本当にこのカルビはおいしいです。
정말 이 갈비는 (　　　　).

hint　맛있다の活用形3＋요

(15) 夜お腹がすいたときはチーズを食べます。
밤에 (　　　　) 때는 치즈를 먹어요 .

hint　배고프다の活用形2＋ㄹ

こたえ

(11) 기쁜　(12) 기뻐요　(13) 맛있는　(14) 맛있어요　(15) 배고플

(16) 今、お腹がすいてお腹からグーと音が鳴りました。
지금 (　　　　) 배에서 꼬르륵 소리가 났어요 .

hint　배고프다の活用形3 + 서

(17) 多くの人々が集まりました。
(　　　　) 사람들이 모였어요 .

hint　많다の活用形2 + ㄴ

(18) 最近、 不満が多いです。
요즘 불만이 (　　　　).

hint　많다の活用形3 + 요

(19) 給料が少ないので会社を辞めました。
월급이 (　　　　) 회사를 그만뒀어요 .

hint　적다の活用形3 + 서

(20) 量が少なくても大丈夫です。
양이 (　　　　) 괜찮아요 .

hint　적다の活用形3 + 도

こたえ

(16) 배고파서　(17) 많은　(18) 많아요　(19) 적어서　(20) 적어도

11

形容詞

Track 094

クダ
크다
大きい

イ　オスン チョム コヨ
이 옷은 좀 커요.

この　服は　ちょっと　大きいです。

POINT

「크다」のように、大きさや長さなどを表す単語を紹介しましょう。「크기(大きさ)」「길다(長い)-길이(長さ)」「높다(高い)-높이(高さ)」「넓다(広い)-넓이(広さ)」「깊다(深い)-깊이(深さ)」などがあります。

으変則

活用形

1 크＋겠어요→크
クゲッソヨ
(大きそうです)

2 크＋며→크
クミョ
(大きく)

3 커＋야 해요→커
コヤ ヘヨ
(大きくなければなりません)

「크다」の使い方いろいろ

キガ クダ
키가 크다(背が高い)

ヌニ クダ
눈이 크다(目が大きい)

チビ クダ
집이 크다(家が大きい)

ソニ クダ
손이 크다(手が大きい→気前がいい)

12

形容詞

Track 095

작다（チャクタ）

小さい

이 구두는 좀 작아요.（イ クドゥヌン チョム チャガヨ）

この 靴は ちょっと 小さいです。

POINT

「작다」には、「容積・面積などを占める量が少ない」「規模がわずかである、勢力が弱い」「音量や数量が少ない」などの意味があり、日本語とほとんど変わりません。ただし、「背が低い」は「키가 작다（背が小さい）」と言います。

活用形

1 작＋고→작（チャッコ）
（小さくて）

2 작으＋면→작으（チャグミョン）
（小さければ）

3 작아＋요→작아（チャガヨ）
（小さいです）

「작다」の使い方いろいろ

집이 작다（チビ チャクタ）（家が小さい）　부피가 작다（プピガ チャクタ）（体積が小さい）

방이 작다（パンイ チャクタ）（部屋が小さい）　손이 작다（ソニ チャクタ）（手が小さい）

13
形容詞
Track 096
ヌ ッ タ
늦다
遅い
ト チャ ギ　ヌ ジョ ヨ
도착이 늦어요 .
到着が　遅いです。
POINT
「늦다」には、「基準より遅い」「スピードや動きが遅い」などの意味があります。また後者の場合は「遅い、のんびりしている」などの意味がある「느리다」を使うこともできます。
活用形
1 늦 ＋습니다 → 늦
ヌッスム ニ ダ
（遅いです）
2 늦으 ＋면 → 늦으
ヌ ジュミョン
（遅ければ）
3 늦어 ＋도 → 늦어
ヌ ジョ ド
（遅くても）

「늦다」の使い方いろいろ

출발이 늦다（出発が遅い） チュルバ リ　ヌッタ	때가 늦다（時が遅い） ッテ ガ　ヌッ タ
인터넷이 늦다（インターネットが遅い） イン ト ネ シ　ヌッ タ	동작이 늦다（動きが遅い） トンジャ ギ　ヌッ タ

14

形容詞

Track 097

바쁘다
（パップダ）

忙しい

요즘은 안 바빠요 .
（ヨジュムン アン パッパヨ）

最近は　忙しくありません。

POINT

日本語の「目が回るほど忙しい」は、韓国語では「눈 코 뜰 새 없이 바쁘다（目と鼻を開ける暇もなく忙しい）」と表現します。また、忙しいことを強調するため、「바쁘다 바빠（忙しくて忙しい）」のように「基本形＋活用形３」の表現も使います。

으変則

活用形

1 바쁘 ＋ ㅂ니다 → 바쁩니다（パップムニダ）（忙しいです）

2 바쁘 ＋ 니까 → 바쁘니까（パップニッカ）（忙しいから）

3 바빠 ＋ 요 → 바빠요（パッパヨ）（忙しいです）

Chapter 1

Chapter 2

Chapter 3

「바쁘다」の使い方いろいろ

일이 바쁘다（イリ パップダ）（仕事が忙しい）

마음이 바쁘다（マウミ パップダ）（気持ちが急く）

생활이 바쁘다（センフヮリ パップダ）（生活が忙しい）

스탭들이 바쁘다（ステプトゥリ パップダ）（スタッフたちが忙しい）

15
形容詞
Track 098
チェミイッタ
재미있다
面白い
ハングゴ コンブガ チェミイッソヨ
한국어 공부가 재미있어요.
韓国語の 勉強が 面白いです。
POINT
「재미있다」は、「재미가 있다(面白味がある)」から助詞の「가」が省略されてできた言葉。反対の意味の「面白くない、つまらない」は「재미없다」です。そのほか、「재미있어하다(面白がる)」「재미없어하다(つまらなく思う)」などの関連単語があります。
活用形
1 재미있 + 는 → 재미있
チェミインヌン
(面白い~)
2 재미있으 + 며 → 재미있으
チェミイッスミョ
(面白く)
3 재미있어 + 요 → 재미있어
チェミイッソヨ
(面白いです)

「재미있다」の使い方いろいろ

ヨンフヮガ チェミイッタ
영화가 재미있다(映画が面白い)

イリ チェミイッタ
일이 재미있다(仕事が面白い)

イヤギガ チェミイッタ
이야기가 재미있다(話が面白い)

チェギ チェミイッタ
책이 재미있다(本が面白い)

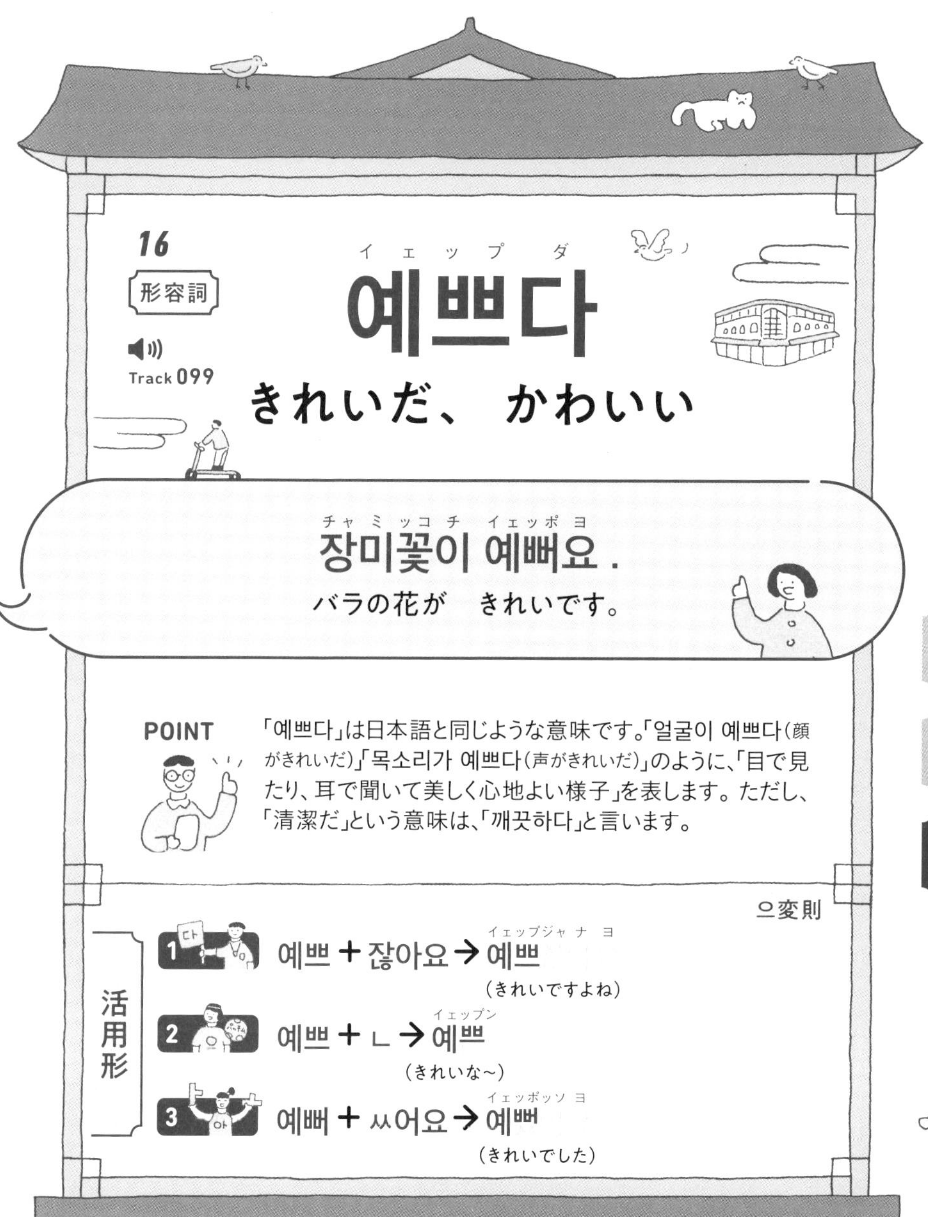

16

形容詞

Track 099

イェップダ
예쁘다
きれいだ、 かわいい

チャミッコチ イェッポヨ
장미꽃이 예뻐요 .
バラの花が きれいです。

POINT
「예쁘다」は日本語と同じような意味です。「얼굴이 예쁘다(顔がきれいだ)」「목소리가 예쁘다(声がきれいだ)」のように、「目で見たり、耳で聞いて美しく心地よい様子」を表します。ただし、「清潔だ」という意味は、「깨끗하다」と言います。

으変則

活用形

1 예쁘 ＋ 잖아요 → 예쁘 (イェップジャナヨ)
(きれいですよね)

2 예쁘 ＋ ㄴ → 예쁘 (イェップン)
(きれいな～)

3 예뻐 ＋ ㅆ어요 → 예뻐 (イェッポッソヨ)
(きれいでした)

「예쁘다」の使い方いろいろ

별이 예쁘다(星がきれいだ)（ピョリ イェップダ）
그림이 예쁘다(絵がきれいだ)（クリミ イェップダ）
마음이 예쁘다(心がきれいだ)（マウミ イェップダ）
옷이 예쁘다(服がかわいい)（オシ イェップダ）

17

形容詞

Track 100

없다（オプタ）

ない、 いない

시간이 없어요 .（シガニ オプソヨ）

時間が　ありません。

POINT

日本語では「ない」「いない」を使い分けますが、韓国語ではいずれも「없다」です。また、「없다」には「없는 집（貧しい家）」のように「（経済的に）貧しい」という意味もあります。

活用形

1 없 ＋는 → 없는（オムヌン）（ない～）

2 없으 ＋니까 → 없으니까（オプス ニッカ）（ないから）

3 없어 ＋도 → 없어도（オプソ ド）（なくても）

「없다」の使い方いろいろ

돈이 없다（トニ オプタ）（お金がない）

친구가 없다（チングガ オプタ）（友達がいない）

자신이 없다（チャシニ オプタ）（自信がない）

관심이 없다（クワンシミ オプタ）（興味がない）

18

形容詞

Track 101

괜찮다

クェンチャンタ

大丈夫だ、いい

マシ クェンチャナヨ

맛이 괜찮아요?

味は いかがですか?

POINT 「괜찮다」は「돈이 없어도 괜찮다(お金がなくても大丈夫だ)」のように「構わない、大丈夫だ、心配ない、平気だ」という意味のほかに、「이 김치 맛은 괜찮다(このキムチの味はなかなかいい)」のように、「悪くない」という意味でも使われます。

活用形

1 괜찮 + 죠 → 괜찮 (クェンチャンチョ)
(大丈夫ですよ)

2 괜찮으 + 니까 → 괜찮으 (クェンチャ ヌ ニ ッカ)
(大丈夫なので)

3 괜찮아 + ㅆ어요 → 괜찮아 (クェンチャナッ ソ ヨ)
(大丈夫でした)

「괜찮다」の使い方いろいろ

몸이 괜찮다(体が大丈夫だ) (モミ クェンチャンタ)

건강은 괜찮다(健康は大丈夫だ) (コンガンウン クェンチャンタ)

사이가 괜찮다(仲がいい) (サイガ クェンチャンタ)

노래가 괜찮다(歌がいい) (ノレガ クェンチャンタ)

19

形容詞

Track 102

비싸다（ピッサダ）

（値段が）高い

갑이 비싸요.（カプシ ピッサヨ）

値段が　高いです。

POINT　日本語の場合、「(高さが) 高い」も「(値段が) 高い」も同じ「高い」ですが、韓国語では使い分けます。「(高さが) 高い」は「높다」、反対語の「(高さが) 低い」は「낮다」です。他方、「(値段が) 安い」は「싸다」と言います。

活用形

1. 비싸 ＋ 지만 → 비싸（ピッサジマン）
（高いけれど）
2. 비싸 ＋ 면 → 비싸（ピッサミョン）
（高ければ）
3. (비싸아→) 비싸 ＋ 도 → 비싸（ピッサド）
（高くても）

「비싸다」の使い方いろいろ

가격이 비싸다（カギョギ ピッサダ）（価格が高い）
물가가 비싸다（ムルカガ ピッサダ）（物価が高い）
물건이 비싸다（ムルゴニ ピッサダ）（品物が高い）
교통비가 비싸다（キョトンビガ ピッサダ）（交通費が高い）

20

形容詞

Track 103

싸다（ツサダ）

安い

택시비가 싸요.（テクシビガ ツサヨ）

タクシー代が　安いです。

POINT 「싸다」は「（値段が）安い」以外に、「口が軽い」などの意味もあります。「싸다」には動詞もあり、「선물을 싸다（贈り物を包装する）」「도시락을 싸다（お弁当をつくる）」のように、「包む、包装する」「（弁当やキンパなどを）つくる」という意味があります。

活用形

1 싸＋네요→싸（ツサネヨ）
（安いですね）

2 싸＋ㄹ→쌀（ツサル）
（安い〜）

3 （싸아→）싸＋요→싸（ツサヨ）
（安いです）

「싸다」の使い方いろいろ

값이 싸다（カプシ ツサダ）（値段が安い）

야채가 싸다（ヤチェガ ツサダ）（野菜が安い）

티켓이 싸다（ティケシ ツサダ）（チケットが安い）

입장료가 싸다（イプチャンニョガ ツサダ）（入場料が安い）

ここでおさらい

1 3つの中から正しいと思うものを選びましょう。

(1) うちのチームは背の高い選手たちが多いです。
우리 팀은 키가 (　　　　) 선수들이 많아요 .

① 크면　② 크고　③ 큰

(2) このパンは大きすぎてとても食べづらいです。
이 빵은 너무 (　　　　) 먹기 힘들어요 .

① 큰　② 크고　③ 커서

(3) 森の中に小さな池があります。
숲속에 (　　　　) 연못이 있어요 .

① 작은　② 작고　③ 작아

(4) このTシャツは小さくて着られません。
이 티셔츠는 (　　　　) 못 입어요 .

① 작고　② 작아서　③ 작으면

(5) 遅れてすみません。
(　　　　) 미안합니다 .

① 늦은　② 늦고　③ 늦어서

(6) 出発が少し遅れても大丈夫ですか?
출발이 좀 (　　　　) 괜찮아요 ?

① 늦으면　② 늦어도　③ 늦는

こたえ

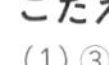

(1) ③　(2) ③　(3) ①　(4) ②　(5) ③　(6) ②

(7) 仕事が忙しくて行けませんでした。
일이 ( ) 갈 수 없었어요 .

① 바쁜 ② 바빠서 ③ 바쁘면

(8) 育児が忙しくて余裕がありません。
육아가 ( ) 여유가 없어요 .

① 바쁘니까 ② 바쁘면 ③ 바쁜

(9) 最近、面白い映画を見ましたか?
요즘 ( ) 영화를 봤어요 ?

① 재미있는 ② 재미있고 ③ 재미있어서

(10) You-Tubeが面白くてはまりました。
유튜브가 ( ) 빠졌어요 .

① 재미있어서 ② 재미있으면 ③ 재미있고

(11) 絵もきれいで内容も面白いです。
그림도 ( ) 내용도 재미있어요 .

① 예쁜 ② 예쁘고 ③ 예쁠

(12) 心がきれいなので人気があります。
마음이 ( ) 인기가 많아요 .

① 예쁜 ② 예쁘고 ③ 예뻐서

こたえ

(7) ② (8) ① (9) ① (10) ① (11) ② (12) ③

ここでおさらい

(13) 時間がなくて行けませんでした。
시간이 (　　　　) 못 갔어요 .

① 없는　② 없어서　③ 없고

(14) この食堂はない食べ物がありません。
이 식당은 (　　　　) 음식이 없어요 .

① 없어　② 없고　③ 없는

(15) このドラマはなかなかいいと思います。
이 드라마는 참 (　　　　) 것 같아요 .

① 괜찮고　② 괜찮은　③ 괜찮아

(16) その2人はまだ仲がいいです。
그 두 사람은 아직도 사이가 (　　　　) .

① 괜찮은　② 괜찮고　③ 괜찮아요

(17) 新車は高すぎて買えませんでした。
새 차는 너무 (　　　　) 못 샀어요 .

① 비싸서　② 비싸고　③ 비싸면

(18) そのかばんが高ければ買わないつもりです。
그 가방이 (　　　　) 안 살 거예요 .

① 비싸면　② 비싸도　③ 비싸고

こたえ

(13) ②　(14) ③　(15) ②　(16) ③　(17) ①　(18) ①

(19) 値段が安くても買いたくありません。
갑이 (　　　　　) 사고 싶지 않아요 .
① 싸서　② 싸면　③ 싸도

(20) 入場料が安いなら行ってみたいです。
입장료가 (　　　　　) 가 보고 싶어요 .
① 싼　② 싸면　③ 싸니까

(21) 明日、行かなくても大丈夫です。
내일 안 가도 (　　　　　).
① 괜찮아요　② 괜찮은　③ 괜찮고

(22) このバッグはちょっと高くても買いたいです。
이 백은 좀 (　　　　　) 사고 싶어요 .
① 비싸면　② 비싸고　③ 비싸도

(23) その遊園地は楽しいのでよく行きます。
그 놀이공원은 (　　　　　) 자주 가요 .
① 재미있으니까　② 재미있으면　③ 재미있고

(24) 少し安くしてください。
좀 (　　　　　) 해 주세요 .
① 싸고　② 싸게　③ 싼

こたえ
(19) ③　(20) ②　(21) ①　(22) ③　(23) ①　(24) ②

Chapter 1
Chapter 2
Chapter 3

ここでおさらい

2⋮(　　)に単語を活用して書き入れましょう。

(1)　学校の前に大きな木があります。
학교 앞에 (　　　　　) 나무가 있어요 .

hint　크다の活用形2＋ㄴ

(2)　弟（妹）は背が高いです。
동생은 키가 (　　　　　).

hint　크다の活用形3＋요

(3)　小さい唐辛子が辛い。
(　　　　　) 고추가 맵다 .

hint　작다の活用形2＋ㄴ

(4)　幼いときは背が低かったです。
어릴 때는 키가 (　　　　　).

hint　작다の活用形3＋ㅆ어요

(5)　今日は到着が少し遅れます。
오늘은 도착이 좀 (　　　　　).

hint　늦다の活用形3＋요

こたえ
(1) 큰　(2) 커요　(3) 작은　(4) 작았어요　(5) 늦어요

(6) 授業に遅れるとよくありません。
수업에 (　　　　　) 안 좋아요 .

hint 늦다の活用形2＋면

(7) 昨日は忙しくて行けませんでした。
어제는 (　　　　　) 못 갔어요 .

hint 바쁘다の活用形3＋서

(8) 明日はちょっと忙しいようです。
내일은 좀 (　　　　　) 것 같아요 .

hint 바쁘다の活用形2＋ㄹ

(9) 先生はいつも面白くお話しされます。
선생님은 늘 (　　　　　) 이야기하세요 .

hint 재미있다の活用形1＋게

(10) あの話はあまり面白くありません。
그 이야기는 별로 (　　　　　).

hint 재미없다の活用形3＋요

Chapter 1 Chapter 2 Chapter 3

こたえ
(6) 늦으면　(7) 바빠서　(8) 바쁠　(9) 재미있게　(10) 재미없어요

ここでおさらい

(11) 色がきれいなので、 2つも買いました。

색깔이 (　　　　) 두 개나 샀어요 .

hint　예쁘다の活用形3 + 서

(12) きれいなバラが満開です。

(　　　　) 장미꽃이 활짝 폈어요 .

hint　예쁘다の活用形2 + ㄴ

(13) スプーンがないのでお箸で食べました。

숟가락이 (　　　　) 젓가락으로 먹었어요 .

hint　없다の活用形3 + 서

(14) 辞書がないならお貸しします。

사전이 (　　　　) 빌려 드릴게요 .

hint　없다の活用形2 + 면

(15) その人は見た目も良く、 性格も良いです。

그 사람은 외모도 (　　　　) 성격도 좋아요 .

hint　괜찮다の活用形1 + 고

こたえ

(11) 예뻐서　(12) 예쁜　(13) 없어서　(14) 없으면　(15) 괜찮고

(16) 思ったより味がよくてたくさん食べました。
맛이 생각보다 (　　　　　) 많이 먹었어요 .

hint　괜찮다の活用形3 + 서

(17) 日本は交通費が高いと思います。
일본은 교통비가 (　　　　　) 것 같아요 .

hint　비싸다の活用形2 + ㄴ

(18) 値段は少し高くても質はいいです。
값은 좀 (　　　　　) 질은 좋아요 .

hint　비싸다の活用形3 + 도

(19) ここは入場料がほかのところより安いですね。
이곳은 입장료가 다른 곳보다 (　　　　　).

hint　싸다の活用形1 + 네요

(20) でも本の値段は安いほうです。
그래도 책값은 (　　　　　) 편이에요 .

hint　싸다の活用形2 + ㄴ

こたえ

(16) 괜찮아서　(17) 비싼　(18) 비싸도　(19) 싸네요　(20) 싼

ここでトレーニング

1 次の文を日本語に訳しましょう。 Track 104

(1) 여름에는 덥고 겨울에는 추워요 . 여름 : 夏、 겨울 : 冬

(2) 너무 추워서 옷을 많이 입었어요 . 옷 : 服

(3) 피로해서 단것을 먹고 싶어요 . 단 : 甘い

(4) 이 김치는 정말 매워요 .

(5) 비 오는 날은 싫어요 . 비 : 雨

(6) 합격 소식을 들어서 기뻐요 . 합격 : 合格、 소식 : 知らせ

(7) 불고기가 너무 맛있어서 많이 먹었어요 . 불고기 : 焼き肉

(8) 그 사람은 고민이 많은 편이에요 . 고민 : 悩み

(9) 보너스가 적은 편이에요 . 보너스 : ボーナス

(10) 후드티는 커도 괜찮아요 . 후드티 : パーカー

こたえ

(1)夏は暑く冬は寒いです。 (2)寒すぎて服をたくさん着ました。
(3)疲れているから甘いものが食べたいです。 (4)このキムチは本当に辛いです。
(5)雨の降る日は嫌いです。 (6)合格の知らせを聞いてうれしいです。
(7)焼き肉がおいしすぎてたくさん食べました。 (8)あの人は悩みが多い方です。
(9)ボーナスが少ない方です。 (10)パーカーは大きくても大丈夫です。

2 音声を参考に、次の文を韓国語に訳しましょう。 Track 105

(1) この靴は小さくて履けません。

(2) 約束に遅れても大丈夫ですか?

(3) 最近は仕事が忙しくて、ドラマが見られません。

(4) あの小説は面白く読みました。

(5) かわいい時計を買いました。

(6) ご飯がないときはラーメンを食べます。

(7) お腹がすいていると全部おいしいです。

(8) 天気がよかったら遊びに行きましょう。

(9) 値段が高くても買いたいです。

(10) 韓国は日本よりタクシー代が安いですか?

こたえ

(1)이 구두는 작아서 못 신어요. (2)약속에 늦어도 괜찮아요?
(3)요즘은 일이 바빠서 드라마를 못 봐요. (4)그 소설은 재미있게 읽었어요.
(5)예쁜 시계를 샀어요. (6)밥이 없을 때는 라면을 먹어요.
(7)배가 고프면 다 맛있어요. (8)날씨가 괜찮으면 놀러 가요.
(9)값이 비싸도 사고 싶어요. (10)한국은 일본보다 택시비가 싸요?

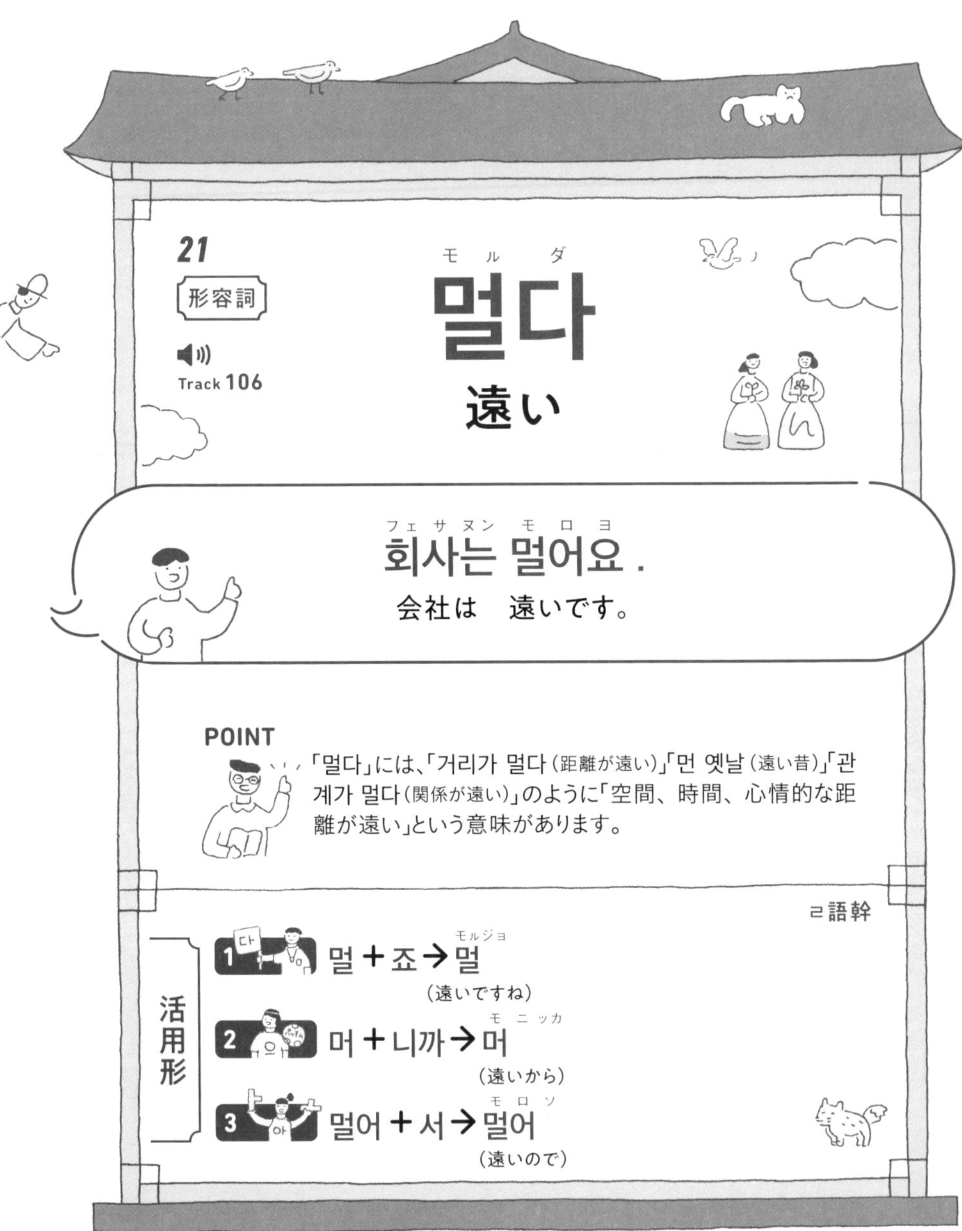

21

形容詞

Track 106

モルダ
멀다
遠い

フェサヌン モロヨ
회사는 멀어요.
会社は 遠いです。

POINT

「멀다」には、「거리가 멀다（距離が遠い）」「먼 옛날（遠い昔）」「관계가 멀다（関係が遠い）」のように「空間、時間、心情的な距離が遠い」という意味があります。

ㄹ語幹

活用形

1 멀＋죠→멀죠（モルジョ）
（遠いですね）

2 머＋니까→머니까（モニッカ）
（遠いから）

3 멀어＋서→멀어서（モロソ）
（遠いので）

「멀다」の使い方いろいろ

집에서 멀다（チベソ モルダ）（家から遠い）

사이가 멀다（サイガ モルダ）（間が遠い→疎遠だ）

학교가 멀다（ハッキョガ モルダ）（学校が遠い）

아직 멀다（アジク モルダ）（まだ遠い→まだまだだ）

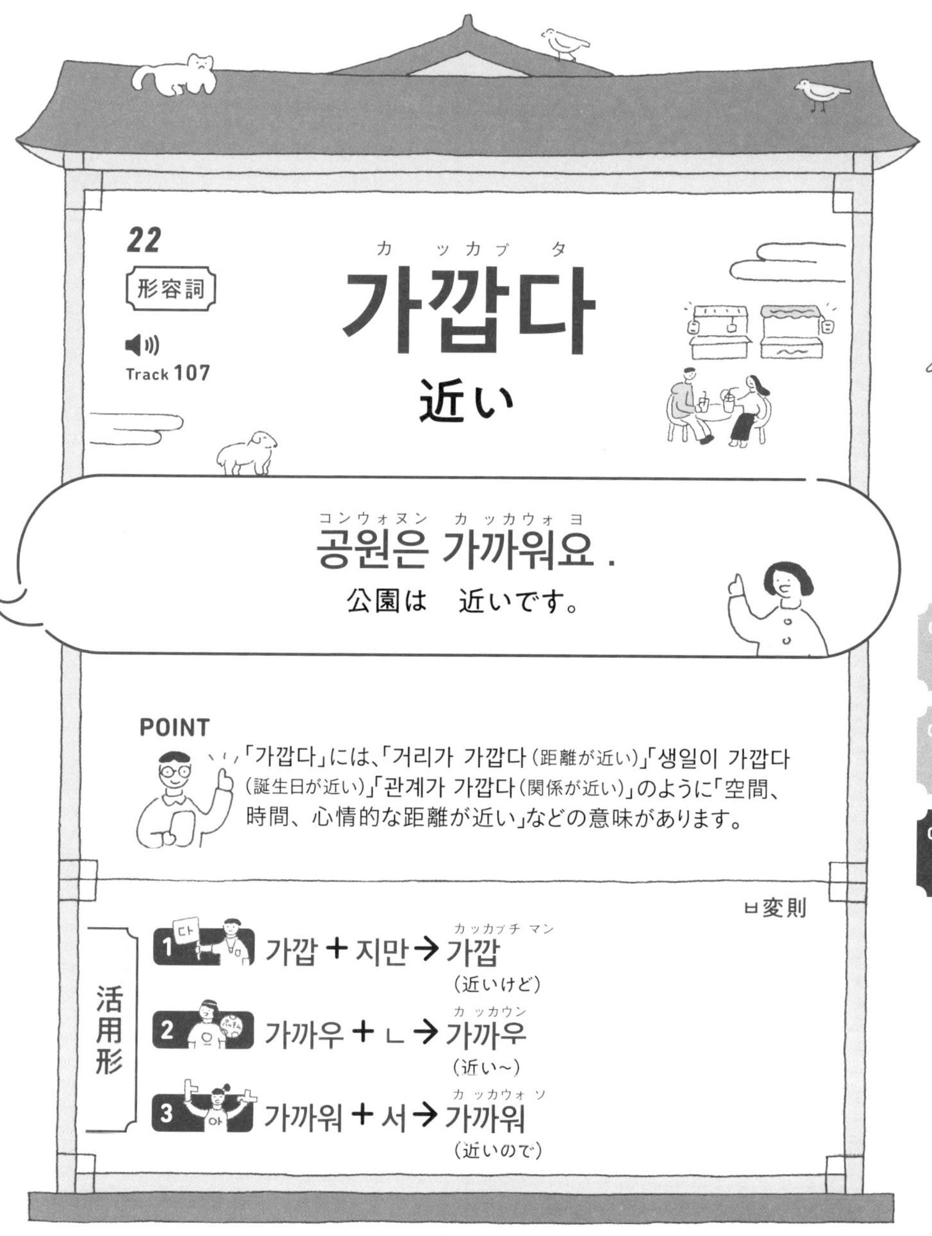

22

形容詞

Track 107

カ　ッカプ　タ

가깝다

近い

コンウォヌン　カ ッカウォ ヨ

공원은 가까워요.

公園は　近いです。

POINT

「가깝다」には、「거리가 가깝다（距離が近い）」「생일이 가깝다（誕生日が近い）」「관계가 가깝다（関係が近い）」のように「空間、時間、心情的な距離が近い」などの意味があります。

ㅂ変則

活用形

1 가깝 ＋ 지만 → 가깝지만（カッカプチ マン）（近いけど）

2 가까우 ＋ ㄴ → 가까운（カ ッカウン）（近い〜）

3 가까워 ＋ 서 → 가까워서（カ ッカウォ ソ）（近いので）

「가깝다」の使い方いろいろ

서울에서 가깝다（ソウレソ カッカプタ）（ソウルから近い）

겨울이 가깝다（キョウ リ カッカプタ）（冬が近い）

사이가 가깝다（サ イ ガ カッカプタ）（間が近い→仲がよい）

천재에 가깝다（チョンジェ エ カッカプタ）（天才に近い）

23
形容詞
Track 108
キルダ
길다
長い
タリガ キロヨ
다리가 길어요 .
脚が 長いです。
POINT
「길다」は「코끼리는 코가 길다（象は鼻が長い）」「낮이 길다（昼が長い）」「소설이 길다（小説が長い）」のように、「空間、時間、文や話が長い」などの意味があります。名詞の「長さ」は「길이」と言います。
ㄹ語幹
活用形
1 다
キムニダ
기 ＋ ㅂ니다 → 기
（長いです）
2 으
キルミョン
길 ＋ 면 → 길
（長ければ）
3 아
キロッソヨ
길어 ＋ ㅆ어요 → 길어
（長かったです）

「길다」の使い方いろいろ

モギ キルダ
목이 길다（首が長い）

スヨミ キルダ
수염이 길다（ひげが長い）

パミ キルダ
밤이 길다（夜が長い）

イヤギガ キルダ
이야기가 길다（話が長い）

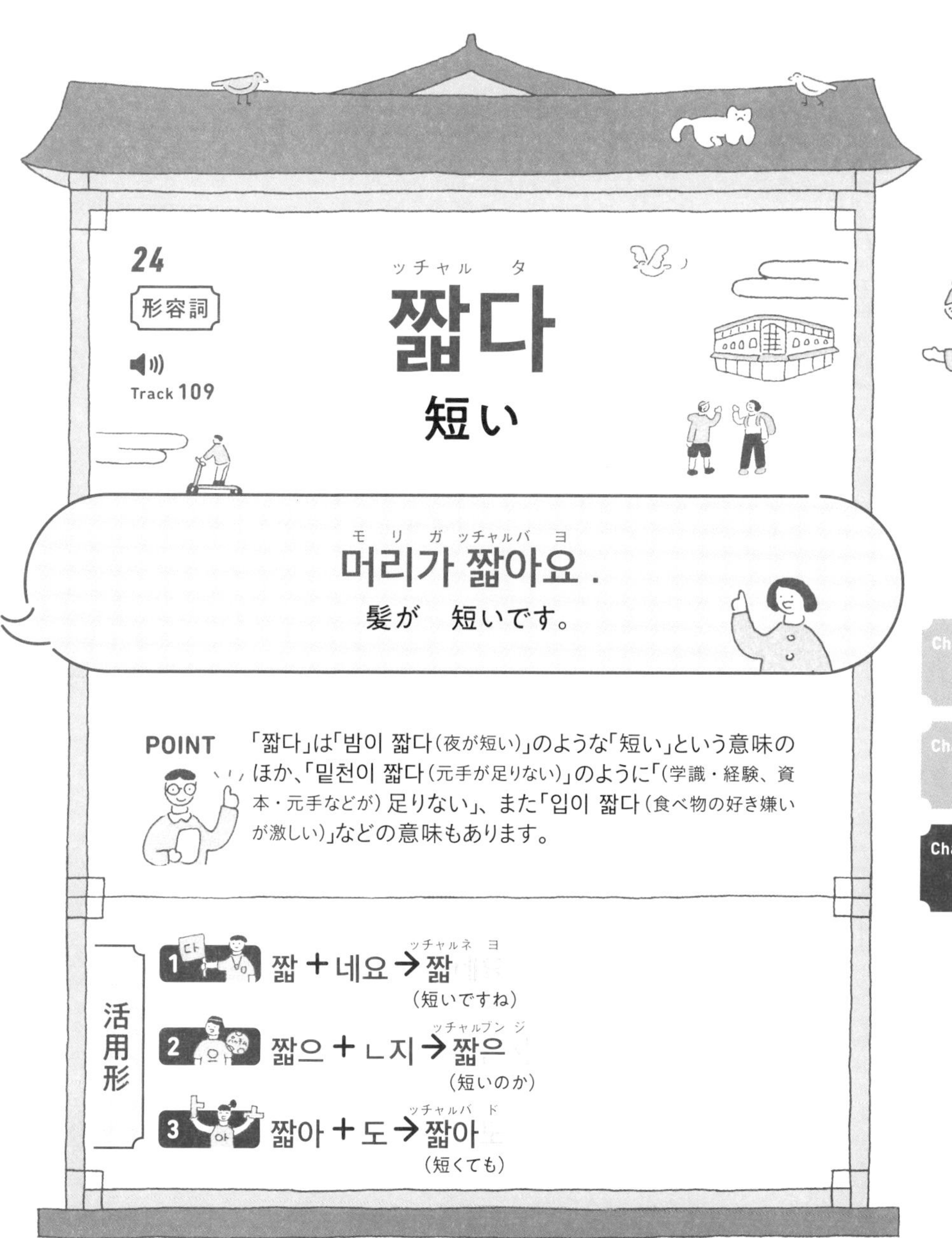

24

形容詞

Track 109

짧다（ツチャルタ）

短い

머리가 짧아요.（モリガ ッチャルバヨ）

髪が　短いです。

POINT　「짧다」は「밤이 짧다（夜が短い）」のような「短い」という意味のほか、「밑천이 짧다（元手が足りない）」のように「（学識・経験、資本・元手などが）足りない」、また「입이 짧다（食べ物の好き嫌いが激しい）」などの意味もあります。

活用形

1 짧 ＋ 네요 → 짧네요（ツチャルネヨ）（短いですね）

2 짧으 ＋ ㄴ지 → 짧은지（ツチャルブンジ）（短いのか）

3 짧아 ＋ 도 → 짧아도（ツチャルバド）（短くても）

「짧다」の使い方いろいろ

끈이 짧다（ックニッチャルタ）（ひもが短い）

가을이 짧다（カウリッチャルタ）（秋が短い）

시간이 짧다（シガニッチャルタ）（時間が短い）

생각이 짧다（センガギッチャルタ）（考えが足りない）

25

形容詞

Track 110

높다（ノプタ）

高い

하늘이 높아요 .（ハヌリ ノパヨ）

空が　高いです。

POINT　「높다」は「하늘이 높다（空が高い）」「계급이 높다（階級が高い）」のように「空間的な高さ、身分・階級・レベルが高い」の意味として使われます。ただし、「背が高い」は「키가 크다（背が大きい）」、「値段が高い」は「값이 비싸다」と言います。

活用形

1 높 ＋ 지만 → 높（ノプチマン）
（高いけど）

2 높으 ＋ ㄹ까요 → 높으（ノプルカヨ）
（高いでしょうか）

3 높아 ＋ ㅆ어요 → 높아（ノパッソヨ）
（高かったです）

「높다」の使い方いろいろ

빌딩이 높다（ビルが高い）（ビルディンイ ノプタ）

눈이 높다（お目が高い）（ヌニ ノプタ）

파도가 높다（波が高い）（パドガ ノプタ）

소리가 높다（音が高い）（ソリガ ノプタ）

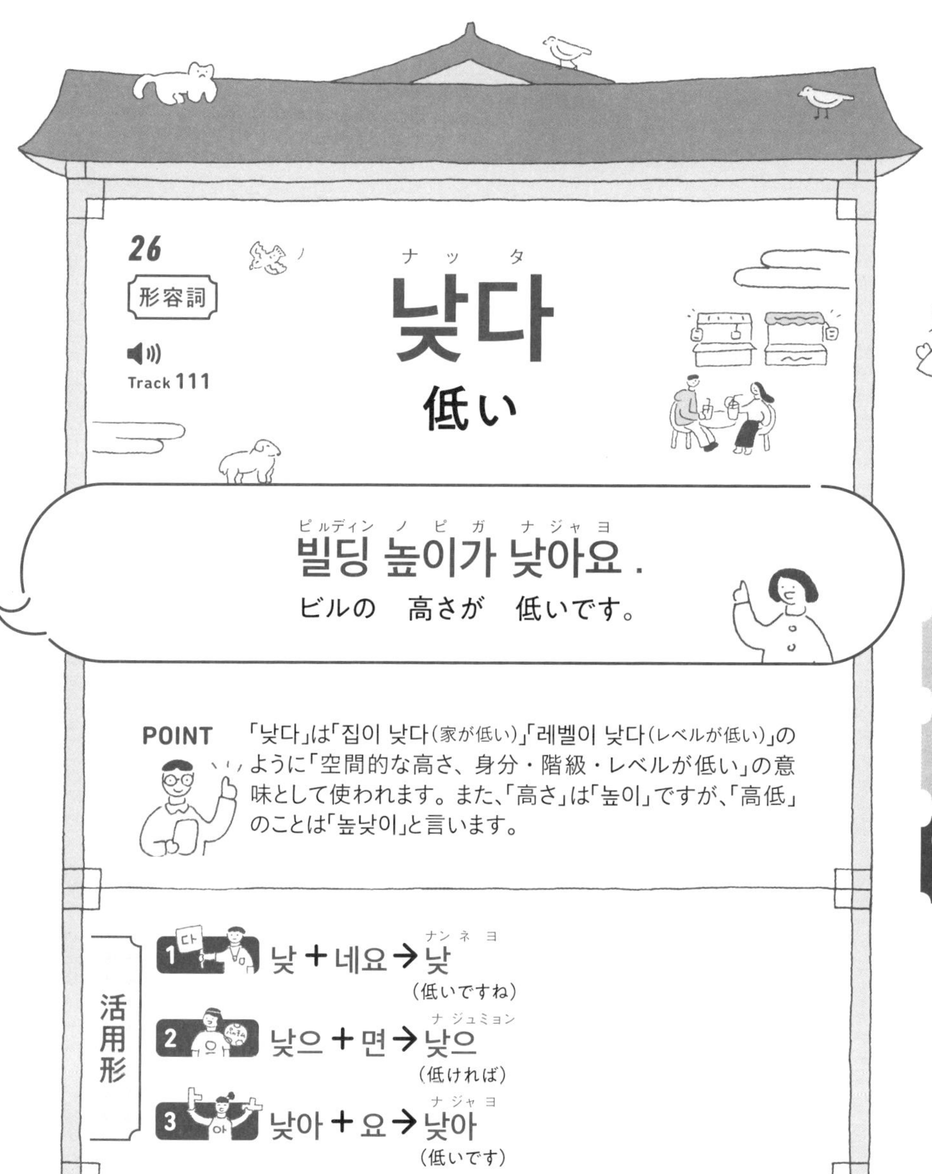

26

形容詞

Track 111

낮다

低い

빌딩 높이가 낮아요 .

ビルの　高さが　低いです。

POINT　「낮다」は「집이 낮다（家が低い）」「레벨이 낮다（レベルが低い）」のように「空間的な高さ、身分・階級・レベルが低い」の意味として使われます。また、「高さ」は「높이」ですが、「高低」のことは「높낮이」と言います。

活用形

1 낮 ＋ 네요 → 낮
（低いですね）

2 낮으 ＋ 면 → 낮으
（低ければ）

3 낮아 ＋ 요 → 낮아
（低いです）

「낮다」の使い方いろいろ

천장이 낮다（天井が低い）

소리가 낮다（音が低い）

기온이 낮다（気温が低い）

레벨이 낮다（レベルが低い）

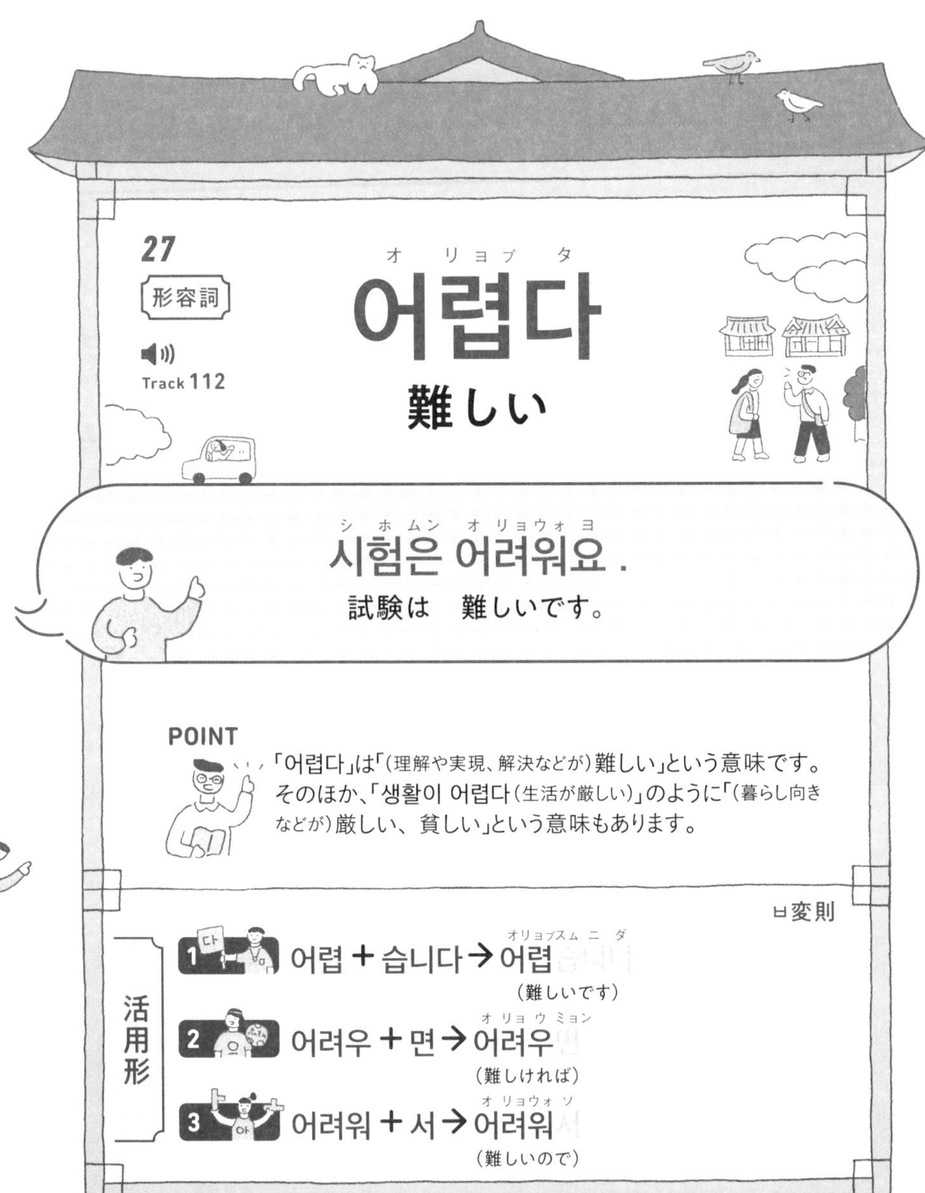

27

形容詞

Track 112

어렵다（オリョプタ）

難しい

시험은 어려워요.（シホムン オリョウォヨ）

試験は　難しいです。

POINT

「어렵다」は「（理解や実現、解決などが）難しい」という意味です。そのほか、「생활이 어렵다（生活が厳しい）」のように「（暮らし向きなどが）厳しい、貧しい」という意味もあります。

ㅂ変則

活用形

1. 어렵＋습니다→어렵습니다（オリョプスムニダ）（難しいです）
2. 어려우＋면→어려우면（オリョウミョン）（難しければ）
3. 어려워＋서→어려워서（オリョウォソ）（難しいので）

「어렵다」の使い方いろいろ

- 내용이 어렵다（ネヨンイ オリョプタ）（内容が難しい）
- 문제가 어렵다（ムンジェガ オリョプタ）（問題が難しい）
- 해결이 어렵다（ヘギョリ オリョプタ）（解決が難しい）
- 사정이 어렵다（サジョンイ オリョプタ）（事情が難しい）

28

形容詞

Track 113

쉽다（シュイプタ）

やさしい、たやすい

이 문제는 쉬워요.（イ ムンジェヌン シュイウォヨ）

この 問題は やさしいです。

POINT 「쉽다」は「(理解や実現、解決などが)やさしい、たやすい」という意味です。また、「쉽다」は「알기 쉽다(わかりやすい)」のように「-기 쉽다(〜しやすい、〜しがちだ)」の形で使われることも多いです。

ㅂ変則

活用形

1 쉽＋잖아요→쉽잖아요（シュイプチャナヨ）
(やさしいじゃないですか)

2 쉬우＋니까→쉬우니까（シュイウニッカ）
(やさしいから)

3 쉬워＋요→쉬워요（シュイウォヨ）
(やさしいです)

Chapter 1

Chapter 2

Chapter 3

「쉽다」の使い方いろいろ

시험이 쉽다（シホミ シュイプタ）(試験がやさしい)

문제가 쉽다（ムンジェガ シュイプタ）(問題がやさしい)

이해가 쉽다（イヘガ シュイプタ）(理解しやすい)

일이 쉽다（イリ シュイプタ）(仕事がやさしい)

29

形容詞

Track 114

좋다
チョタ

よい

오늘은 날씨가 좋아요 .
オヌルン ナルッシガ チョアヨ

今日は　天気が　よいです。

POINT 「좋다」は「경치가 좋다（景色がよい）」のように「（品質的・美的・能力的に）よい」、また「기분이 좋다（気分がよい）」のように「楽しい、愉快だ、うれしい」という意味もあります。SNSなどでの「いいね」は「좋아요」と言います。

活用形

1 좋 + 고 → 좋（よくて）　チョコ

2 좋으 + ㄴ데 → 좋으（よいけれど）　チョウンデ

3 좋아 + ㅆ어요 → 좋아（よかったです）　チョアッソヨ

「좋다」の使い方いろいろ

실력이 좋다（実力がいい）　シルリョギ チョタ

발음이 좋다（発音がいい）　パルミ チョタ

건강이 좋다（健康がいい）　コンガンイ チョタ

마음이 좋다（気立てがいい）　マウミ チョタ

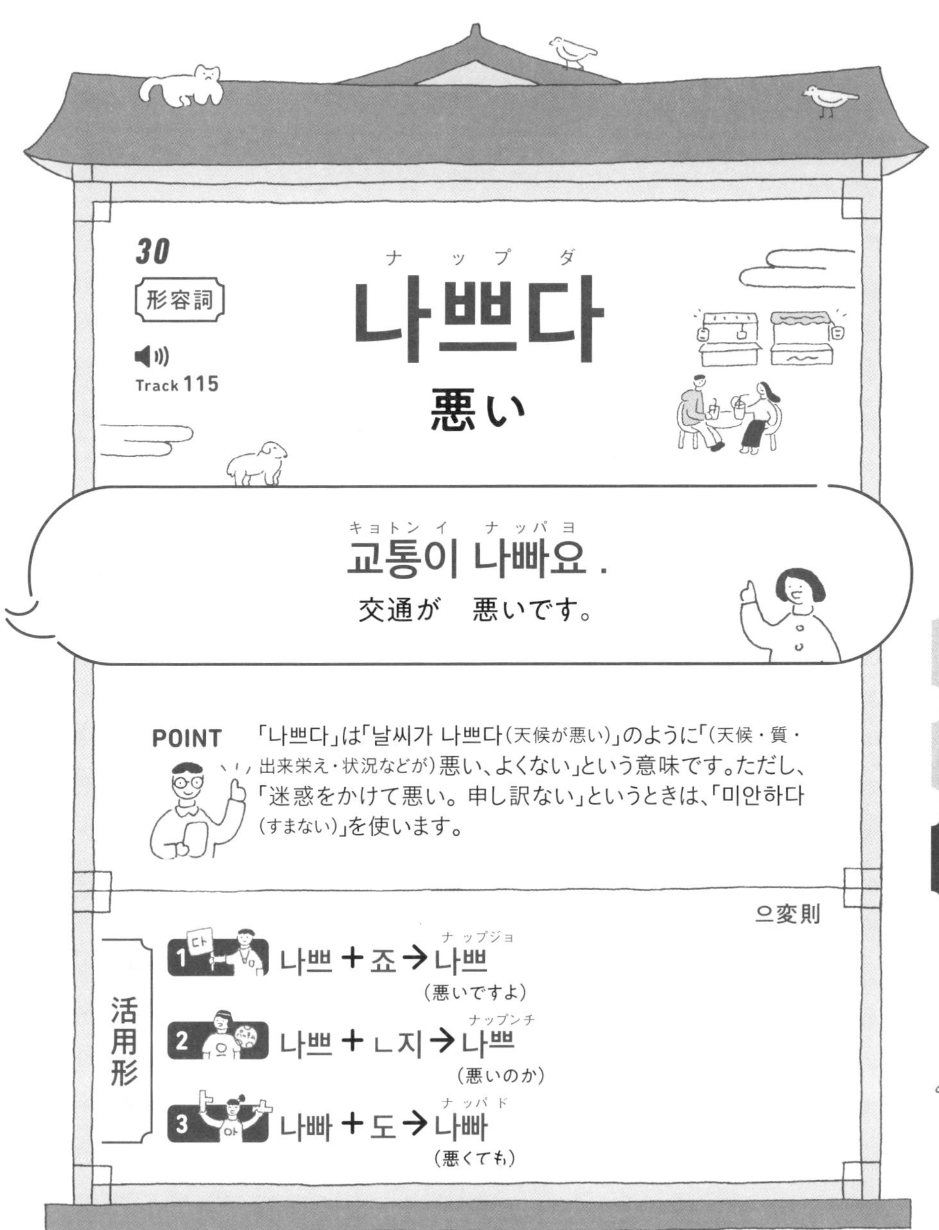

30

形容詞

Track 115

나쁘다（ナップダ）

悪い

교통이（キョトンイ） 나빠요（ナッパヨ）.

交通が　悪いです。

POINT 「나쁘다」は「날씨가 나쁘다（天候が悪い）」のように「（天候・質・出来栄え・状況などが）悪い、よくない」という意味です。ただし、「迷惑をかけて悪い。申し訳ない」というときは、「미안하다（すまない）」を使います。

으変則

活用形

1 나쁘 ＋ 죠 → 나쁘（ナップジョ）
（悪いですよ）

2 나쁘 ＋ ㄴ지 → 나쁘（ナップンチ）
（悪いのか）

3 나빠 ＋ 도 → 나빠（ナッパド）
（悪くても）

「나쁘다」の使い方いろいろ

건강이（コンガンイ） 나쁘다（ナップダ）（健康が悪い）

공기가（コンギガ） 나쁘다（ナップダ）（空気が悪い）

기분이（キブニ） 나쁘다（ナップダ）（気分が悪い*1→不愉快だ）

성적이（ソンジョギ） 나쁘다（ナップダ）（成績が悪い）

*1「体調の悪さ」の意味はありません

ここでおさらい

1 3つの中から正しいと思うものを選びましょう。

(1) 職場は遠いので、通いにくいです。
직장은 (　　　　　) 다니기 힘들어요 .
① 멀지만　② 멀어서　③ 멀고

(2) 家から学校まではかなり遠いです。
집에서 학교까지는 꽤나 (　　　　　).
① 멀어요　② 멀지만　③ 먼 것 같아요

(3) 2人はとても仲がいいです。
두 사람은 아주사이가 (　　　　　).
① 가깝고　② 가까우면　③ 가까워요

(4) 公園は近いですが、あまり行けません。
공원은 (　　　　　) 자주 못 가요 .
① 가까워서　② 가깝지만　③ 가깝고

(5) 髪が長くて、洗うのが大変です。
머리가 (　　　　　) 감기 힘들어요 .
① 길고　② 길면　③ 길어서

(6) あの俳優は脚がとても長いです。
그 배우는 다리가 참 (　　　　　).
① 길어요　② 기니까　③ 길고

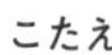
こたえ
(1) ②　(2) ①　(3) ③　(4) ②　(5) ③　(6) ①

(7) 冬至は日の長さがいちばん短いです。
동지는 낮의 길이가 가장 (　　　　　).

① 짧고　② 짧은　③ 짧아요

(8) 短いメールを書いて送りました。
(　　　　　) 메일을 써서 보냈어요 .

① 짧은　② 짧고　③ 짧아

(9) 空は高く、馬は肥ゆる。
하늘은 (　　　　　) 말은 살찐다 .

① 높은　② 높고　③ 높아

(10) 今日は波が高くて、サーフィンしやすいです。
오늘은 파도가 (　　　　　) 서핑하기 좋아요 .

① 높아　② 높고　③ 높으면

(11) 気温が低ければ、花が咲きません。
기온이 (　　　　　) 꽃이 안 펴요 .

① 낮고　② 낮으면　③ 낮은

(12) 声が低くて、よく聞こえません。
목소리가 (　　　　　) 잘 안 들려요 .

① 낮고　② 낮은　③ 낮아서

こたえ

(7) ③　(8) ①　(9) ②　(10) ①　(11) ②　(12) ③

Chapter 1
Chapter 2
Chapter 3

(13) この試験はあまり難しくありません。
이 시험은 별로 (　　　　) 않아요 .
① 어렵지　② 어렵고　③ 어려워서

(14) 私に漢字は難しすぎます。
나한테 한자는 너무 (　　　　).
① 어려워요　② 어려웠어요　③ 어렵지 않아요

(15) この問題はやさしい方です。
이 문제는 (　　　　) 편이에요 .
① 쉽고　② 쉬운　③ 쉬워

(16) 仕事がやさしくて、すぐ覚えられました。
일이 (　　　　) 금방 익힐 수 있었어요 .
① 쉬운　② 쉽고　③ 쉬워서

(17) 発音がよければ聞き取りやすいです。
발음이 (　　　　) 알아듣기 쉬워요 .
① 좋고　② 좋으면　③ 좋은

(18) 実力があるので、希望の大学に合格しました。
실력이 (　　　　) 원하는 대학에 합격했어요 .
① 좋은　② 좋고　③ 좋아서

こたえ
(13) ①　(14) ①　(15) ②　(16) ③　(17) ②　(18) ③

(19) あそこは空気が悪いところです。
그곳은 공기가 (　　　　) 곳이에요 .

① 나빠　② 나쁜　③ 나쁘고

(20) 目が悪くて、眼鏡をかけています。
눈이 (　　　　) 안경을 써요 .

① 나빠서　② 나쁜　③ 나쁘고

(21) 人生は短く、芸術は長い。
인생은 (　　　　) 예술은 길다 .

① 짧은　② 짧고　③ 짧아

(22) 結婚式に近親者が集まりました。
결혼식에 (　　　　) 친척들이 모였어요 .

① 가깝고　② 가까워　③ 가까운

(23) 長いのか、短いのかよくわかりません。
(　　　　) 짧은지 잘 모르겠어요 .

① 긴지　② 길고　③ 길며

(24) 気温が高いときも多いです。
기온이 (　　　　) 때도 많아요 .

① 높아　② 높고　③ 높을

こたえ

(19) ②　(20) ①　(21) ②　(22) ③　(23) ①　(24) ③

ここでおさらい

2 ( )に単語を活用して書き入れましょう。

(1) 遠いところに旅立ちたいです。
( ) 곳으로 떠나고 싶어요 .

hint 멀다の活用形2 + ㄴ

(2) 会社が遠くても、 通いやすいです。
회사가 좀 ( ) 다니기 괜찮아요 .

hint 멀다の活用形3 + 도

(3) 家から駅が近くていいです。
집에서 역까지 ( ) 좋아요 .

hint 가깝다の活用形3 + 서

(4) もう少し病院が近かったらいいと思います。
좀 더 병원이 ( ) 좋겠어요 .

hint 가깝다の活用形2 + 면

(5) 袖がもう少し長いブラウスはありませんか?
소매가 조금 더 ( ) 블라우스는 없어요 ?

hint 길다の活用形2 + ㄴ

こたえ
(1) 먼 (2) 멀어도 (3) 가까워서 (4) 가까우면 (5) 긴

(6) 夏は昼が長くて、この時間にも明るいです。
여름은 낮이 (　　　　) 이 시간에도 밝아요 .

hint　길다の活用形3 + 서

(7) ランチの時間は短か過ぎます。
점심 시간은 너무 (　　　　).

hint　짧다の活用形3 + 요

(8) 髪を短く切りました。
머리를 (　　　　) 잘랐어요 .

hint　짧다の活用形1 + 게

(9) 高い目標を持ちましょう!
(　　　　) 목표를 가져요 !

hint　높다の活用形2 + ㄴ

(10) 血圧が高くてちょっと心配です。
혈압이 (　　　　) 좀 걱정이에요 .

hint　높다の活用形3 + 서

こたえ

(6) 길어서　(7) 짧아요　(8) 짧게　(9) 높은　(10) 높아서

ここでおさらい

(11) 低い声で話しました。

(　　　　) 목소리로 말했어요 .

hint　낮다の活用形2 + ㄴ

(12) この街はビルがとても低かったです。

이 동네는 빌딩들이 아주 (　　　　).

hint　낮다の活用形3 + ㅆ어요

(13) あまり難しく思わないでください。

너무 (　　　　) 생각하지 마세요 .

hint　어렵다の活用形1 + 게

(14) 韓国語文法の試験はちょっと難しかったです。

한국어 문법 시험은 좀 (　　　　).

hint　어렵다の活用形3 + ㅆ어요

(15) やさしい道だけを求めてはいけません。

(　　　　) 길만 찾아서는 안 돼요 .

hint　쉽다の活用形2 + ㄴ

こたえ

(11) 낮은　(12) 낮았어요　(13) 어렵게　(14) 어려웠어요　(15) 쉬운

(16) 問題は割とやさしかったが、私には難しかったです。
문제는 비교적 (　　　　) 나한테는 어려웠어요 .

hint　쉽다の活用形3 + ㅆ지만

(17) 成績がいいときは、たまに買い物に出かけます。
성적이 (　　　　) 때는 가끔 쇼핑하러 가요 .

hint　좋다の活用形2 + ㄹ

(18) おいしくてたくさん食べました。
맛이 (　　　　) 많이 먹었어요 .

hint　좋다の活用形3 + 서

(19) 今年は紅葉がそんなに悪くありません。
올해는 단풍이 그렇게 (　　　　) 않아요 .

hint　나쁘다の活用形1 + 지

(20) 気分が悪くてもぐっと我慢してください。
기분이 (　　　　) 꾹 참으세요 .

hint　나쁘다の活用形3 + 도

こたえ
(16) 쉬웠지만　(17) 좋을　(18) 좋아서　(19) 나쁘지　(20) 나빠도

Chapter 1　Chapter 2　Chapter 3

ここでトレーニング

1 次の文を日本語に訳しましょう。 Track 116

(1) 친정집은 좀 멀어요 . 　친정집 : 実家、 좀 : ちょっと

…………………………………………

(2) 민속촌은 서울에서 가까운 곳이에요 . 　민속촌 : 民俗村

…………………………………………

(3) 수업 시간이 좀 긴 것 같아요 . 　수업 : 授業

…………………………………………

(4) 이 노래는 짧아서 부르기 좋아요 . 　노래 : 歌

…………………………………………

(5) 높은 곳은 싫어해요 .

…………………………………………

(6) 오늘은 어제보다 기온이 낮아요 . 　보다 : より、 기온 : 気温

…………………………………………

(7) 어려운 문제도 쉽게 풀었어요 . 　문제 : 問題

…………………………………………

(8) 사람을 사귀는 게 쉽지 않아요 . 　사귀다 : 付き合う

…………………………………………

(9) 마음이 좋은 사람이에요 . 　마음 : 気立て

…………………………………………

(10) 교통이 나쁘면 살기 힘들어요 . 　교통 : 交通

…………………………………………

こたえ

(1) 実家はちょっと遠いです。　(2) 民俗村はソウルから近いところです。
(3) ちょっと授業時間が長いようです。　(4) この歌は短くて歌いやすいです。
(5) 高いところは嫌いです。　(6) 今日は昨日より気温が低いです。
(7) 難しい問題も簡単に解きました。　(8) 人と付き合うのは簡単ではありません。
(9) 気立てのいい人です。　(10) 交通が悪かったら暮らしにくいです。

2 音声を参考に、 次の文を韓国語に訳しましょう。 Track 117

(1) 図書館は遠くてあまり行けません。

(2) 毎日、 近い公園に散歩に行きます。

(3) 話を長くするとよくありません。

(4) このズボンはちょっと短いです。

(5) ここの温泉の水は温度が高いです。

(6) まだ実力が低い学生が多いです。

(7) ちょっと難しくても面白いです。

(8) 試験がやさしくてよかったです。

(9) 天気がよければ旅行に行きたいです。

(10) 若いとき、 苦労するのは悪くありません。

こたえ

(1) 도서관은 멀어서 별로 못 가요. (2) 매일 가까운 공원에 산책하러 가요.
(3) 이야기를 길게 하면 안 좋아요. (4) 이 바지는 좀 짧아요.
(5) 여기 온천물은 온도가 높아요. (6) 아직 실력이 낮은 학생이 많아요.
(7) 좀 어려워도 재미있어요. (8) 시험이 쉬워서 좋았어요.
(9) 날씨가 좋으면 여행을 가고 싶어요. (10) 젊을 때 고생하는 것은 나쁘지 않아요.

COLUMN 3

あいづちのひと言

韓国のドラマや日常会話で飛び交うあいづちは、会話の潤滑油です。あいづちのひと言をうまく使うことによって、いくらでも場を盛り上げ、それだけ会話もスムーズに広がるはずです。ここでは、韓国でよく使われるあいづちをいくつか取り上げてみました。

● あいづちと意味

あいづち	意味
아이고（アイゴ）	「ああ、あら」喜びを表したり、あきれたりしたときに言う語。
제기랄（チェギラル）	「ちぇっ、くそっ」癪にさわったときに発する語。
참（チャム）	「あっ、そういえば」忘れかけていたことを思い出したときなどに使う語。
에이（エイ）	「えい、ままよ」不満やあきらめの意を表す語。
글쎄（クルセ）	「そうだね」
설마（ソルマ）	「まさか、よもや」
앗싸（アッサ）	「そうれ、よし」興に乗って出す語。

あいづち	元の語と意味
어머（オモ）/ 어머나（オモナ）	「ああ、あっ、あら」（女性が）不意の出来事に驚いて出す声。
대박（テバク）	「やった、すごい」
맙소사（マプソサ）	「なんてこった」驚いたり、失敗したりしたときに出す語。
세상에（セサンエ）	「まったくもう、まさか、ありえない」
헐（ホル）	「げっ!?　はあ!?」
진짜（チンチャ）	「本当!?」
얼씨구（オルシグ）	「よいやよいやさ」興に乗ってはやす語。

索引

本書で紹介している動詞と形容詞です。

文末フレーズ一覧表①

シリーズ第1弾『ヒチョル先生の　ひとめでわかる 韓国語 きほんのきほん』で紹介している文末フレーズ一覧表です。復習しながら、覚えましょう！

●名詞+語尾

文末フレーズ	例文	シリーズ第1弾該当ページ
名詞+ 입니다	イ ゴスン ノ トゥイム ニ ダ 이것은 노트입니다. これはノートです。	74
名詞+ 예요/이에요	チョヌン イルボン サ ラ ミ エ ヨ 저는 일본 사람이에요. 私は日本人です。	76
名詞+ 가/이 아닙니다	イ ゴスン ス リ ア ニム ニ ダ 이것은 술이 아닙니다. これはお酒ではありません。	78
名詞+ 가/이 아니에요	イ ゴスン ポ ス ガ ア ニ エ ヨ 이것은 버스가 아니에요. これはバスではありません。	80
名詞+ 가/이 있습니다	オ ヌルン ス オ ビ イッスム ニ ダ 오늘은 수업이 있습니다. 今日は授業があります。	82
名詞+ 가/이 있어요	オ ヌルン テ イ トゥ ガ イッ ソ ヨ 오늘은 데이트가 있어요. 今日はデートがあります。	84

●하다用言

文末フレーズ	例文	シリーズ第1弾該当ページ
해요	ト ソグヮ ネ ソ コン ブ ヘ ヨ 도서관에서 공부해요. 図書館で勉強します。	86

●尊敬動詞

文末フレーズ	例文	シリーズ第1弾該当ページ
드세요	チ グム チョムシム トゥ セ ヨ 지금 점심 드세요? 今、お昼召し上がっていますか？	142

「다(タ)」をとるだけ!

● 活用形1

文末フレーズ	例文	シリーズ第1弾該当ページ
습니다	ヨルトゥ シ エ チョムシ ムル モクスム ニ ダ 12 시에 점심을 먹습니다. 12時に昼ご飯を食べます。	112
ㅂ니다	オ ヌ ルン フェ サ エ カム ニ ダ 오늘은 회사에 갑니다. 今日は会社に行きます。	114
고 싶어요	チン グ ル ル マン ナ ゴ シ ポ ヨ 친구를 만나고 싶어요. 友だちに会いたいです。	132
지 마세요	チ グム カ ジ マ セ ヨ 지금 가지 마세요. 今、行かないでください。	138
고	マッ ト チョ コ ソ ビ ス ド チョ ア ヨ 맛도 좋고 서비스도 좋아요. 味もよくてサービスもいいです。	148
지만	ハン グ ゴ ヌン オ リョプ チ マン チェ ミ イッ ソ ヨ 한국어는 어렵지만 재미있어요. 韓国語は難しいけど面白いです。	150
고 있어요	ハン グク トゥ ラ マ ル ル ポ ゴ イッ ソ ヨ 한국 드라마를 보고 있어요. 韓国ドラマを見ています。	164
기 전에	マン ナ ギ ジョ ネ ヨル ラ グ ル ヘ ヨ 만나기 전에 연락을 해요. 会う前に連絡をします。	172
는…	ヨ ジュム ポ ヌン トゥ ラ マ イッ ソ ヨ 요즘 보는 드라마 있어요? 最近、見ているドラマありますか?	174
네요	オ ヌ ルン ナル ッシ ガ チョン ネ ヨ 오늘은 날씨가 좋네요! 今日は天気がいいですね!	182
죠	ク マ ヌ ワ ヌン チェ ミ イッ チョ 그 만화는 재미있죠? あのマンガは面白いでしょう?	184

● 活用形 2

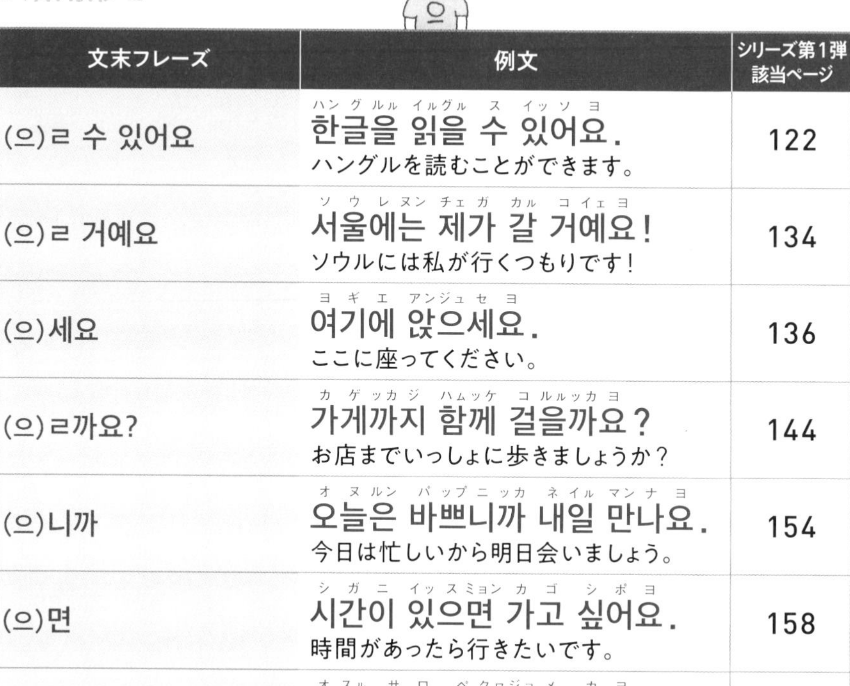

文末フレーズ	例文	シリーズ第1弾該当ページ
(으)ㄹ 수 있어요	ハン グルル イルグル ス イッソ ヨ 한글을 읽을 수 있어요. ハングルを読むことができます。	122
(으)ㄹ 거예요	ソ ウ レヌン チェガ カル コ イェ ヨ 서울에는 제가 갈 거예요! ソウルには私が行くつもりです!	134
(으)세요	ヨ ギ エ アンジュ セ ヨ 여기에 앉으세요. ここに座ってください。	136
(으)ㄹ까요?	カ ゲッカジ ハムッケ コルルッカ ヨ 가게까지 함께 걸을까요? お店までいっしょに歩きましょうか?	144
(으)니까	オ ヌルン パップ ニッカ ネ イル マン ナ ヨ 오늘은 바쁘니까 내일 만나요. 今日は忙しいから明日会いましょう。	154
(으)면	シ ガ ニ イッ スミョン カ ゴ シ ポ ヨ 시간이 있으면 가고 싶어요. 時間があったら行きたいです。	158
(으)러	オ スル サ ロ ペ クヮジョメ カ ヨ 옷을 사러 백화점에 가요. 洋服を買いに百貨店に行きます。	162
(으)면서	ウ マ グル トゥ ルミョンソ コン ブ ヘ ヨ 음악을 들으면서 공부해요. 音楽を聞きながら勉強します。	168
(으)ㄴ…	オ ジェ ポン ヨンフヮヌン チェ ミ イッソッ ソ ヨ 어제 본 영화는 재미있었어요. 昨日見た映画は、面白かったです。	176
(으)ㄹ…	ネ イル ム グル ホ テ リ エ ヨ 내일 묵을 호텔이에요. 明日泊まるホテルです。	178
(으)ㄴ…	チョウン チェ ギ マ ナ ヨ 좋은 책이 많아요. よい本が多いです。	180

● 活用形3

陽母音には「아（ア）」をつけ
陰母音には「어（オ）」をつける

文末フレーズ	例文	シリーズ第1弾 該当ページ
아/어요	ソン ム ルル パ ダ ヨ 선물을 받아요 . プレゼントをもらいます。	116
안~아/어요	ヨジュム ア チムン アン モ ゴ ヨ 요즘 아침은 안 먹어요. 最近、朝ご飯は食べません。	118
못~아/어요	ハン グ ゴ ヌン モン ニル ゴ ヨ 한국어는 못 읽어요. 韓国語は読めません。	120
아/어요	オ ヌル チン グ ルル マン ナ ヨ 오늘 친구를 만나요. 今日、友だちに会います。	124
아/어요	ア チ メ コ ピ ルル マ ショ ヨ 아침에 커피를 마셔요. 朝、コーヒーを飲みます。	126
아/어ㅆ어요	ピ ビン パ プル モ ゴッ ソ ヨ 비빔밥을 먹었어요. ビビンバを食べました。	128
아/어ㅆ습니다	ソ ソ ルル イルゴッスム ニ ダ 소설을 읽었습니다. 小説を読みました。	130
아/어 주세요	チャン ム ヌル ヨ ロ ジュ セ ヨ 창문을 열어 주세요. 窓を開けてください。	140
아/어야 돼요	ヒュ デ ポ ヌル ッコ ヤ ドゥェ ヨ 휴대폰을 꺼야 돼요. 携帯電話を切らなければなりません。	146
아/어서	ナルッシ ガ チョ ア ソ キ ブ ニ チョ ア ヨ 날씨가 좋아서 기분이 좋아요. 天気がよいから気分がいいです。	156
아/어도	チョム ピッサ ド クェンチャ ナ ヨ 좀 비싸도 괜찮아요. ちょっと高くてもかまいません。	160
아/어 있어요	チャンミ ガ マ ニ ピ オ イッ ソ ヨ 장미가 많이 피어 있어요. バラがたくさん咲いています。	166
아/어서	ソ パ エ アンジャ ソ スィ オ ヨ 소파에 앉아서 쉬어요. ソファに座って休みます。	170

文末フレーズ一覧表②

シリーズ第2弾『ヒチョル先生の　ひとめでわかる 韓国語 きほんのきほん ステップアップ』で紹介した文末フレーズの例文を活用パターンごとにまとめました。このフレーズを覚えてしまえば、活用の仕組みもばっちり習得です！

「다（タ）」をとるだけ！

●活用形1

文末フレーズ	例文	シリーズ第2弾該当ページ
기 시작해요	ヨ ガルル ペ ウ ギ シジャケ ヨ 요가를 배우기 시작해요. ヨガを習い始めます。	96
자마자	チ ベ ト ラ オ ジャ マ ジャ モ ギョグル ヘッ ソ ヨ 집에 돌아오자마자 목욕을 했어요. 家に帰ってすぐに、お風呂に入りました。	98
고 나서	チョムシムル モッコ ナ ソ コ ピルル マ ショ ヨ 점심을 먹고 나서 커피를 마셔요. 昼ご飯を食べてからコーヒーを飲みます。	102
겠어요	ピョンジ ヌン オ ヌル ッコク ポ ネ ゲッ ソ ヨ 편지는 오늘 꼭 보내겠어요. 手紙は今日、必ず送ります。	104
기로 해요	ネ イル ブ ト ウンドン ハ ギ ロ ヘ ヨ 내일부터 운동하기로 해요. 明日から運動することにしましょう。	110
기 때문에	シ ガ ニ オプ キ ッテム ネ チャム ガ モ テ ヨ 시간이 없기 때문에 참가 못해요. 時間がないため、参加できません。	116
기 위해서	ウ リ ヌン モッ キ ウィ ヘ ソ サ ヌン ゴルッカ 우리는 먹기 위해서 사는 걸까? 我々は食べるために生きるのだろうか？	120
고 싶어 해요	トン セン ウン フェ サ ルル ク マン ドゥ ゴ シ ポ ヘ ヨ 동생은 회사를 그만두고 싶어 해요. 妹は会社をやめたがっています。	132
기 쉬워요	イ ムンジェヌン トゥルリ ギ スィウォ ヨ 이 문제는 틀리기 쉬워요. この問題は間違えやすいです。	134

パッチムがあったら「으」をつける

● 活用形2

文末フレーズ	例文	シリーズ第2弾該当ページ
(으)ㄴ 후에	チョンソ ルル ハン フ エ ッパルレ ルル ヘ ヨ 청소를 한 후에 빨래를 해요. 掃除をした後に、 洗濯をします。	94
(으)ㄴ 지	ソ ウ レ サン ジ オ レトゥエッソ ヨ 서울에 산 지 오래 됐어요. ソウルに住んでから、 だいぶ経ちました。	100
(으)ㄹ래요	イ ッタ ガ モ リ ルル カ ムル レ ヨ 이따가 머리를 감을래요. あとで髪を洗います。	106
(으)ㄹ게요	ク ロム イ マン チョヌヮ ックヌル ケ ヨ 그럼 이만 전화 끊을게요. ではもう電話切りますね。	108
(으)려고	モ リ ルル チャ ル リョ ゴ ミ ヨン シ レ カッ ソ ヨ 머리를 자르려고 미용실에 갔어요. 髪を切ろうと美容院に行きました。	118
(으)ㅂ시다	チュ ウ ニ ッカ チャン ム ヌル タドゥプ シ ダ 추우니까 창문을 닫읍시다. 寒いから窓を閉めましょう。	124
(으)십시오	チャムッカンマン キ ダ リ シプ シ オ 잠깐만 기다리십시오. 少々お待ちください。	126
(으)며	カ チ コ ル ミョ イ ヤ ギ ルル ヘッ タ 같이 걸으며 이야기를 했다. いっしょに歩きながら話をした。	152
(으)ㄴ지	チョウン ジ ナップン ジ チャル モ ル ゲッ ソ ヨ 좋은지 나쁜지 잘 모르겠어요. よいのか、 悪いのかよくわかりません。	154
(으)ㄴ데	チョグム メ ウン デ マ シッ ソ ヨ 조금 매운데 맛있어요. ちょっと辛いけど、 おいしいです。	156
(으)ㄴ 것 같아요	ク サ ラムン イン キ ガ チョウン ゴッ カ タ ヨ 그 사람은 인기가 좋은 것 같아요. あの人は人気があるようです。	170
(으)ㄹ 줄 알아요	ハングン ノ レ プ ルル チュル ア ラ ヨ 한국 노래 부를 줄 알아요? 韓国の歌を歌うことができますか?	174

●活用形3

陽母音には「아（ア）」をつけ
陰母音には「어（オ）」をつける

文末フレーズ	例文	シリーズ第2弾該当ページ
아/어ㅆ거든요	オ ジェヌン チョム パッパッ コドゥンニョ 어제는 좀 바빴거든요. 昨日はちょっと忙しかったんですよ。	112
아/어 두어요	チムル ノア ドゥオ ヨ 짐을 놓아 두어요. 荷物を置いておきます。	122
아/어 보세요	イ チェグル イルゴ ボ セ ヨ 이 책을 읽어 보세요. この本を読んでみてください。	128
아/어야 해요	ッパルリ メイルル ポネヤ ヘ ヨ 빨리 메일을 보내야 해요. 早くメールを送らなければなりません。	130
아/어도 돼요	ヨ ギ エ アンジャ ド ドゥェ ヨ 여기에 앉아도 돼요? ここに座ってもいいですか？	140
아/어져요	ヘ ガ チョムジョムッチャルバ ジョ ヨ 해가 점점 짧아져요. 陽がどんどん短くなります。	142
아/어ㅆ다가	ハッキョ エ カッタ ガ ハグォネ カ ヨ 학교에 갔다가 학원에 가요. 学校に行ってから塾に行きます。	150
아/어 본 적이	イ ノ レ トゥロ ボン ジョギ イッ ソ ヨ 이 노래 들어 본 적이 있어요. この歌、聞いてみたことがあります。	162
아/어ㅆ던	チャンニョ ネ イ ボットン オ シ エ ヨ 작년에 입었던 옷이에요. 去年、着ていた服です。	164
아/어ㅆ을 거예요	シ ネ エヌン サ ラムドゥ リ マ ナッスル コ イェ ヨ 시내에는 사람들이 많았을 거예요. 街には人が多かったと思います。	168

著者

チョ・ヒチョル

日本薬科大学(韓国薬学コース)客員教授。ハングル普及会「お、ハングル！」主宰。元東海大学教授。
NHK「テレビでハングル講座」(2009～2010年度)講師。
著書は『ヒチョル先生の ひとめでわかる 韓国語 きほんのきほん』(高橋書店)『1時間でハングルが読めるようになる本』(Gakken)『本気で学ぶ韓国語』(ベレ出版)など多数。

ヒチョル先生の

ひとめでわかる 韓国語 きほんの単語

著　者　チョ・ヒチョル
発行者　高橋秀雄
編集者　白神あゆ子
発行所　**株式会社 高橋書店**
〒170-6014 東京都豊島区東池袋3-1-1 サンシャイン60 14階
電話　03-5957-7103

ISBN978-4-471-11267-7

本書の内容についてのご質問は「書名、質問事項(ページ、内容)、お客様のご連絡先」を明記のうえ、郵送、FAX、ホームページお問い合わせフォームから小社へお送りください。
回答にはお時間をいただく場合がございます。また、電話によるお問い合わせ、本書の内容を超えたご質問にはお答えできませんので、ご了承ください。本書に関する正誤等の情報は、小社ホームページもご参照ください。

【内容についての問い合わせ先】
書　面　〒170-6014 東京都豊島区東池袋3-1-1 サンシャイン60 14階　高橋書店編集部
ＦＡＸ　03-5957-7079
メール　小社ホームページお問い合わせフォームから　(https://www.takahashishoten.co.jp/)

【不良品についての問い合わせ先】
ページの順序間違い・抜けなど物理的欠陥がございましたら、電話03-5957-7076へお問い合わせください。
ただし、古書店等で購入・入手された商品の交換には一切応じられません。